RAFAEL LLANO CIFUENTES

JUVENTUDE PARA TODAS AS IDADES

2ª edição

São Paulo
2023

Copyright © 2008 Quadrante Editora

Capa
Provazi Design

Dados Internacionais de Catalogação na Publicação (CIP)

Llano Cifuentes, Rafael
  Juventude para todas as idades / Rafael Llano Cifuentes —
2ª ed. — São Paulo: Quadrante, 2023.

  ISBN: 978-85-7465-554-3

  1. Confiança (Psicologia) 2. Juventude - Conduta de vida 3. Juventude - Psicologia 4. Otimismo 5. Velhice - Aspectos psicológicos 6. Vida cristã I. Título

CDD-248.83

Índice para catálogo sistemático:
1. Juventude : Guias de vida cristã : Cristianismo 248.83

Todos os direitos reservados a
QUADRANTE EDITORA
Rua Bernardo da Veiga, 47 - Tel.: 3873-2270
CEP 01252-020 - São Paulo - SP
www.quadrante.com.br / atendimento@quadrante.com.br

SUMÁRIO

O TEMPO E A ETERNIDADE 5

SIGNIFICADO DA JUVENTUDE
   E DA VELHICE 13

RENOVAR A VIDA 53

A MENTALIDADE JUVENIL:
   A JOVIALIDADE 81

PONTOS DE REFLEXÃO PARA
   UM VELHO JOVEM 153

O TEMPO E A ETERNIDADE

Quando falamos da juventude e da velhice, parece-nos que dependem unicamente do transcorrer do tempo. Na realidade, isso não é completamente exato. Ao longo destas páginas, veremos que os poucos ou muitos anos de vida não são o único fator que condiciona esses dois estágios da vida: há outros elementos importantes. Mas comecemos por referir-nos ao tempo como o primeiro e o mais óbvio elemento para definir a juventude e a velhice.

A passagem do tempo: o rio da vida

A imagem do rio, que teve tão variadas ressonâncias na literatura e no pensamento filosófico, está por exemplo presente no poema clássico de Jorge Manrique:

*As nossas vidas são os rios
que desembocam no mar
que é o morrer*[1].

A imagem do rio é muito significativa: expressa no homem esse reconhecer-se sempre idêntico a si mesmo — pois o rio corre pelo leito definido pelas suas margens — e igualmente esse saber-se algo mutável, algo que se vai fazendo, que se vai completando com a passagem dos anos, como o fluxo das águas na sua caminhada para o mar. Esta imagem ajuda-nos também a compreender que, à semelhança do rio, delimitado entre a nascente e a desembocadura, a nossa vida — o prazo para realizarmos o que Deus quer de nós — está circunscrita igualmente entre os dois grandes mistérios do nosso nascimento e da nossa morte[2].

---

(1) Jorge Manrique, *Coplas por la muerte de su padre*. No original: *"Nuestras vidas son los ríos/ que van a dar a la mar/ que es el morir"*.

(2) Remeto aqui para algumas ideias desenvolvidas em Rafael Llano Cifuentes, *Deus e o sentido da vida*, Editora Marques Saraiva, Rio de Janeiro, 2001, pp. 343 e 345.

O destino do rio é o mar; é para o mar que ele corre e nele termina e se dilata. A vida temporal acaba e eterniza-se em Deus. Pode acontecer a qualquer momento. É algo iniludível: "Tão logo um homem entra na vida, é já suficientemente velho para poder morrer em qualquer momento"[3], diz Heidegger. Sempre virá à memória o pensamento de São Paulo: *A figura deste mundo passa* (1 Cor 7, 31). Tudo está submetido à terrível pressão do contingente. A fronteira da eternidade encontra-se em contínuo movimento: num momento posso passar do tempo para a eternidade. "A ninguém se assegura sequer o dia de amanhã"[4]. As águas correm, o tempo passa: *O tempo é breve* (1 Cor 7, 29).

No entanto, apesar de sua natureza caduca, o tempo oferece a oportunidade de eternizar-me. Cada minuto que passo sobre a terra tem também um sentido

---

(3) Martin Heidegger, *El ser y el tiempo*, trad. José Gaos, Fondo de Cultura Económica, México, 1951, p. 273.

(4) Santo Agostinho, *Sermão* 87.

eterno. Cada segundo que tenho de vida é uma conjuntura que posso aproveitar ou perder para sempre. A vida terrena é episódica, mas também, de alguma forma, definitiva. Não cabem os *ensaios*. É irrepetível. A representação nunca tem "reprise" ou "videotape". O que se viveu eternizou-se, para bem ou para mal, irreversivelmente. Como as águas do rio, a vida não volta atrás.

O tempo que passa e o tempo que fica

Ao pensarmos nesta dupla dimensão do devir terreno — como algo *relativo* que se vai e como algo *absoluto* que permanece —, bem podemos afirmar que existe um *tempo que passa* e um *tempo que fica*.

Qual é o *tempo que passa*? É o tempo vivido para as ambições terrenas, para as honras e riquezas, para as futilidades e satisfações do corpo que *a ferrugem e a traça consomem* (Mt 6, 19). É esse "galopar, galopar!... fazer, fazer!...; essa "febre" e essa "loucura de mexer-se"; esse trabalhar só "com vistas ao momento"; essa falta de "terceira dimensão, de altura"[5]. É o tempo que corre pela linha horizontal do caduco, triturado pela inexorável roda da história. É o tempo que integra essas biografias humanas aparentemente brilhantes, mas gravadas com caracteres que não resistem ao passar dos anos: à medida que se escrevem, vão-se apagando. É o tempo sobre o qual constroem a vida os que seguem a chamada dos seus caprichos e não a chamada de Deus.

E qual é o *tempo que fica*? É o tempo que gera eternidade. É o tempo de quem consegue que os instantes fugazes pertençam, pelo seu valor diante de Deus, à ordem do imutável. É o tempo de quem vive "cada instante com vibração de eternidade"[6].

Quando o curso da nossa vida segue o leito da vontade de Deus, tudo o que

---

(5) Cf. São Josemaria Escrivá, *Caminho*, 9ª ed., Quadrante, São Paulo, 2002, ns. 837 e 279.

(6) São Josemaria Escrivá, *Amigos de Deus*, 2ª ed., Quadrante, São Paulo, 2000, n. 239.

se vive se eterniza, embora o que se faça pareça intranscendente: o Senhor nunca esquecerá as renúncias que fizemos para ser fiéis à nossa vocação; nunca esquecerá os pequenos sacrifícios, as alegrias e trabalhos vividos por seu amor; jamais ficará apagada a ajuda que prestamos aos outros, ainda que tenha sido tão pequena como aquela evangélica que se reduz a dar por amor um copo de água... (cf. Mt 10, 42). São palavras, obras e gestos esculpidos no livro da vida com caracteres de ouro que o tempo não desvanece.

A vida que se consome e a vida que se consuma

Ao meditarmos assim no sentido da nossa vida submersa no tempo, não é difícil que nos passem pela mente perguntas parecidas com estas: Se a vida é desse modo irreversível e única, como a aproveito? Compreendo que, se desperdiço o minuto, posso perder a hora, e, se perco a hora, posso perder o dia, o mês, a vida inteira? E matando assim o tempo, não estarei matando-me a mim mesmo? Não estou matando a minha eternidade?

Nasce assim em nós o desejo de lançar-nos "à busca do tempo perdido", como queria Proust, mas por um caminho sobrenatural, de acordo com aqueles anseios de Teresa de Ávila: "Oh! que tarde se acenderam os meus desejos e que cedo andáveis, vós, Senhor, atraindo-me e chamando-me para que me empenhasse toda! Recuperai, meu Deus, o *tempo perdido*, e dai-me para tanto a graça no presente e no porvir!"[7]

É como se essas palavras nos murmurassem com voz clara: "Você será feliz se na última hora, olhando para trás, puder dizer, como Jesus Cristo no alto da cruz: cumpri a vontade de Deus. *Consummatum est!* (Jo 19, 30): tudo está realizado, tudo está *consumado*! Mas será infeliz se, naquele momento derradeiro, só puder balbuciar: tudo está acabado, tudo está definhado, tudo está *consumido*". Embora as palavras *consumado* e *consumido*

---

(7) Santa Teresa, *Exclamaciones*, 4, 1-2.

tenham apenas uma letra de diferença, há entre as duas uma distância tão substancial como a que existe entre os que vivem *para o tempo* e os que se realizam *para a eternidade*...

Redimentes tempus (Ef 5, 15). Sim. Tenho que aproveitar, recuperar, *redimir o meu tempo*, como escreve São Paulo. Hoje, agora, neste momento, tenho que saber dizer *nunc coepi!* (Sal 76, 11), "agora começo!" Agora recomeço a dar à minha vida o seu verdadeiro sentido, caminhando sobre a linha diretriz que me leva a Deus, percorrendo cada ponto, espremendo de cada segundo o seu suco de eternidade, para poder dizer no final dos meus dias, como o Senhor, que *"tudo está consumado"*!

SIGNIFICADO DA JUVENTUDE E DA VELHICE

Significado cronológico e significado anímico

As considerações anteriores permitem-nos entrar no ponto central das nossas reflexões: o tema da juventude e da velhice.

A acepção normal que damos a estas palavras vincula-se habitualmente a uma *situação cronológica*: diz-se que uma pessoa é mais ou menos jovem ou velha dependendo do maior ou menor número de anos que tenha de vida. Mas, ao mesmo tempo, compreendemos que essa *situação cronológica* às vezes não coincide com a *situação anímica*, pois temos experiência de que, por razões de saúde ou pela maneira de encarar a vida, existem "velhos" prematuros e "jovens" de idade avançada. A par do significado habitual dessas palavras, a juventude e a velhice têm também uma conotação claramente espiritual.

André Maurois escreveu que "a velhice está, mais do que no cabelo branco e nas rugas, no sentimento de que é tarde demais, de que o jogo já acabou... O verdadeiro mal da velhice não é a debilitação do corpo; é a indiferença da alma. O que desaparece quando se ultrapassa a linha da sombra — na qual se sente um estremecimento, um calafrio — não é tanto o *poder* como o *desejo* de fazer: aquele ardor da juventude, aquela imensa esperança que inspirava a descoberta do que é novo, aquela capacidade de amar sem reservas... perderam-se. «Para quê?», pensa o velho. Esta é talvez para ele a fórmula mais perigosa, porque, depois de ter dito: «para que lutar?», dirá um dia: «para que sair de casa?»; depois, «para que sair da cama?»;

depois, esse: «para que viver?», que abre as portas da morte"[1].

Num sentido não de todo alegórico, podemos repetir o que escrevia aquele velho general da Segunda Guerra mundial: "A juventude não é uma época da vida, é um estado da alma; se os anos enrugam a pele, perder o ideal enruga a alma". Mas se não podemos cronometrar um estado da alma pela esfera do relógio ou pelas páginas do calendário, nem avaliá-lo com um eletrocardiograma, qual será a medida adequada para dimensioná-lo?; que critério escolheremos para determinar a consistência, a altura e a profundidade desses estados da alma que são a juventude e a velhice?

Diríamos, sem dúvida, que essa medida depende da atitude mental que a perspectiva do futuro suscite em cada ser humano. É jovem aquele que espera muito do futuro; que sabe projetar diante dos seus olhos grandes horizontes existenciais; que é

---

(1) André Maurois, *Arte de vivir*, 31ª ed., Hachette, Buenos Aires, 1960, p. 148.

capaz de utilizar o passado e o presente como um trampolim para o futuro. É velho um homem de futuro débil, apagado, e que por isso tem o seu campo visual circunscrito ao imediato: do passado não colhe alento para retificá-lo e superá-lo, mas apenas um saudosismo melancólico; o futuro não o magnetiza, mas deixa-o apreensivo.

O jovem vive de esperanças. O velho perde a sua vida nas lembranças.

A juventude é um impulso vital lançado para a frente, um desejo profundo — criado e recriado cada dia — de chegar a ser; uma tensão voltada para a realização de um objetivo que reclama todas as energias. É como um vetor de força.

A velhice significa uma desistência do futuro. Um compromisso permanente com o passado. Uma excessiva preocupação com a segurança pessoal do presente, com a manutenção de um *status quo* que não agrada, sendo como é decepcionante, mas que se tem medo de perder pelo receio de um mal ainda maior. Não se sente a ameaça do fracasso de um ideal que já não se tem, mas da perda da tranquilidade e do bem-estar que ainda se conserva. O estado anímico de um velho é o de uma vocação humana estacionária.

A juventude define-se pela capacidade de arranque e a velhice pela acomodação. Por isso bem podemos concordar com aquela sentença do velho general que acabamos de citar: "Perder o ideal enruga a alma". E também por isso podemos afirmar que o mundo está cheio de jovens sem juventude. Nunca percebemos, porventura, não sei que sombra de tédio, de desajeitada indolência, de precoce fim marchando atrás de uma figura de dezenove anos? É um jovem velho. E, em contrapartida, não tropeçamos alguma vez com a esplêndida surpresa de um ancião em plena juventude de espírito, a alma tensa, o olhar cravado no alto mar das suas esperanças, a mão firme no leme da vida? É um velho jovem.

A esclerose do coração

Se a juventude se mede pela capacidade de abrir-se à esperança, deveríamos agora descobrir os motivos pelos quais esta qualidade se pode deteriorar e ainda perder-se.

A primeira causa que aparece à vista é uma atitude errada perante as contrariedades, ou, por outras palavras, a incapacidade de superar e aproveitar em benefício próprio as chamadas "experiências negativas" do passado, provocando com isso uma decepção ou uma inibição com relação ao futuro: essas experiências mal assimiladas chegam a pesar como um fardo que diminui a agilidade para impelir a vida para a frente: psicologicamente, o passado pesa mais do que o futuro; são *as experiências que matam as esperanças*.

Poderíamos apresentar alguns exemplos. Um estudante que se preparou para o vestibular sem se empenhar a fundo e foi reprovado poderia tirar a conclusão apressada e negativa de que não tem capacidade para atingir um nível universitário. Desanima. Muda esse seu projeto por outras alternativas de nível inferior: empregar-se no comércio, montar um pequeno negócio de rua, trabalhar como vendedor... O que aconteceu? Morreu nele um ideal grande e bonito; uma fibra importante do seu coração — a profissional — esclerosou-se, comprometendo a vibração do entusiasmo profissional. Ficou um pouco mais velho.

Lembro-me agora de uma moça que começou o namoro com uma animação empolgante. Alguns meses depois, o rapaz largou-a inesperadamente. Ficou arrasada. Perdeu o apetite. Já se imaginava convertida numa "solteirona". Choramingava com facilidade, lembrando a velha música: "Ninguém me ama... ninguém me quer..." Ficou triste. Começou a descuidar o arranjo pessoal. Procurou-me e tive que falar com ela seriamente:

— Se continua desse jeito, realmente vai-se converter numa "titia" inveterada; reavive fortemente na sua oração a esperança: há muitos rapazes que gostariam de namorar você...; saiba oferecer a Deus essa contrariedade.

Aos poucos foi mudando. Voltou a comportar-se normalmente, a arrumar-se bem, a frequentar as reuniões de sempre, a esforçar-se por sorrir... Pouco tempo depois, começou a namorar um rapaz que valia muito mais do que o anterior. Aprendeu uma grande lição: ao renovar a *esperança*, renovou a juventude. Caso contrário, teria deixado esclerosar essa outra fibra afetiva do coração, a da paixão de namorados.

Outro rapaz — recordo-o muito bem — saiu muito bem disposto de uns dias de retiro espiritual: tentou uma briosa renovação interior, fez propósitos concretos... Mas, poucas semanas depois, reparou que voltava a cair na mesma situação de antes. E desanimou. Pensou que o ideal cristão era válido na teoria, "mas que na prática a teoria é outra", como comentava ironicamente com desalento.

Que aconteceu nesses casos?

Já o dissemos e voltamos a repeti-lo. Em dois deles, no do estudante e no do rapaz que fez um retiro, aconteceu que, ao desanimarem, se tornaram um pouco mais velhos. Tornaram-se mais velhos porque perderam a coragem e, com ela, a esperança; e assim deixaram de pôr em prática o que, com um pouco mais de perseverança, poderia ter redundado em um feliz sucesso. Os dois envelheceram porque alguma fibra do seu coração morreu para o futuro.

Se esse fenômeno se repete sucessivamente numa mesma pessoa, comprometendo diferentes núcleos da sua personalidade, o seu espírito vai-se anquilosando pouco a pouco e sofrendo um endurecimento progressivo. As fibras da alma, uma a uma — a intelectual, a afetiva, a profissional, a social, a religiosa... — vão ficando paulatinamente esclerosadas..., e assim deparamos com a alma de um velho num corpo de talvez vinte e cinco anos. É a alma enrugada e murcha de um velho caduco: parece uma uva-passa.

Cada vez que uma pessoa aninhasse no seu coração um sentimento de derrota, de incapacidade, de pessimismo, deveria escutar uma voz íntima que lhe dissesse, num murmúrio de confidência: — "Você está ficando velho!" Cada vez que abrigasse e assimilasse um pensamento de autocompaixão, um complexo de inferioridade, um triste saudosismo, deveria volta a escutar a mesma frase: — "Está ficando velho!"

Cada lamentação, cada queixa que incorporamos negativamente à nossa personalidade é como mais um centímetro que acrescentamos à nossa corcunda incipiente de velhos. Uma corcunda que nos pesa nas costas do passado e que nos impede de correr para os projetos do futuro.

Se queremos ser permanentemente jovens, não podemos carregar esses "pesos mortos" do passado. Também a eles se aplica o que diz Jesus: *Deixa que os mortos enterrem os seus mortos; tu, vem e segue-me* (Mt 8, 22). Como todos os espectros, esses fantasmas fogem da luz, e o método para espantá-los é abrir as janelas para a verdade; despejá-los dos porões da alma onde talvez andem escondidos há tanto tempo; arejar os recantos obscuros da consciência através de uma confidência sincera com quem entende de vida espiritual ou com um amigo de verdade em quem reconhecemos uma nobreza de conduta que nós não temos.

Experiências que envelhecem

É surpreendente que o notável escritor do Afeganistão Khaled Hosseini escrevesse o seu livro *O caçador de pipas* — considerado o melhor livro do ano pelo *São Francisco Cronicle* e que está na sua 93ª edição brasileira — para dar especial ênfase a um tema muito concreto: o peso que gravita na consciência humana depois de ter cometido uma injustiça. Um tema à primeira vista pouco empolgante, mas que põe o dedo na chaga de muitas vidas amargas, como o sucesso desse livro demonstra.

Amir não conseguia suportar o peso do mal que tinha causado a Hassan, o filho de um fiel empregado de seu pai. Tinha-o traído por covardia, deixando-o entregue a um bando que abusou dele, embora Hassan sempre tivesse sido para ele um verdadeiro irmão, disposto a sacrificar-se por ele e a continuar a fazê-lo apesar da própria traição: "Mil vezes o faria com alegria", repetia ele. Toda a vida de Amir passou a girar em torno dessa deslealdade que lhe pesava no coração. Queria redimir-se. Por motivos políticos, teve que sair do Afeganistão e foi viver com o pai nos Estados Unidos. Minava-o tanto o fardo da sua consciência que passou a ver esse país fundamentalmente — dizia — "como um rio que, correndo, o fazia esquecer o seu passado. Eu podia entrar nesse rio, deixar os meus pecados mergulhados lá no fundo, permitir que a água me levasse para algum lugar longínquo. Algum lugar onde não houvesse fantasmas, nem recordações, nem pecados".

É impressionante como o fardo do passado — os fantasmas, os pecados, as recordações — pode pesar num homem. Não há quem não compreenda que, para caminhar juvenilmente para o futuro, é necessário viver livre dos remorsos do passado.

Para animar Amir a redimir-se, Rahim Khan — um amigo seu — reiterava esta sentença: "Apesar de que o que você fez foi muito errado, sempre existe um jeito de ser bom de novo"[2].

Essa nova oportunidade é a que se nos oferece, por exemplo, por esse meio soberano da misericórdia divina que é a confissão sacramental. É ouvirmos pela boca do sacerdote as palavras libertadoras de Cristo, que nos diz: "Eu te absolvo dos teus pecados em nome do Pai, e do Filho e do Espírito Santo". Como devemos estar agradecidos por esse dom da misericórdia divina! Cancela-se o passado, *apaga-se*, e abrem-se as portas para que possamos escrever com dignidade e sabedoria as páginas que ainda nos restam por escrever. Os erros do passado poderão ser então os grandes mestres do nosso futuro.

Os "ranços" do velho...

Não raramente, as experiências negativas revestem-se com a roupagem das *lamentações*...

---

(2) Cf. Khaled Hosseini, *O caçador de Pipas*, Editora Nova Fronteira, 95ª impressão, Rio de Janeiro, 2005, pp. 297, 306 e 365.

Temos em primeiro lugar a chamada "mística do oxalá"[3]: "Ah! Oxalá não me tivesse casado com essa mulher... Ah, se naquela ocasião tivesse sido mais decidido e naquela outra mais prudente... Se não tivesse empreendido este caminho... Se não tivesse feito aquele investimento e recusado aquele outro... Ah! Se não tivesse nascido nesta condição... Se não me tivessem tratado tão injustamente..." Esse rosário de lamentações, do que poderia ter sido e não foi, envelhece-nos porque, de alguma maneira, nos aprisiona num colete de forças que nos tira o fôlego para avançar em direção ao futuro...

Devemos igualmente levar em consideração o capítulo dos *ressentimentos*. É esse contínuo retorno ao passado para relembrar mágoas e conflitos. É a obsessiva evocação de um tratamento rude que

---

(3) A expressão é de São Josemaria Escrivá (cf., por exemplo, *Entrevistas com Mons. Josemaria Escrivá*, Quadrante, n. 88). O original, *"mistica ojalatera"*, envolve um trocadilho com *hojalata*, que em castelhano significa "folha de flandres" ou "lata", e *ojalá*, que equivale ao nosso "oxalá".

nos humilhou, de uma crítica ríspida e injusta, de uma falta de compreensão e respeito. Tudo isso, quando guardado no porão da alma, acaba por converter-se, no dizer de Max Scheler, numa verdadeira "intoxição psíquica", numa muralha de autojustificações e de revolta contra as injustiças sofridas — reais ou imaginárias, ou, mais frequentemente, reais mas enormemente deformadas pela imaginação —. E essa muralha impede de olhar para a frente com esperança juvenil, escravizando a pessoa ao "espelho retrovisor" dos agravos e desconsiderações[4]...

É frequente que essas *lamentações* e *ressentimentos* gerem o ceticismo próprio do velho "lobo do mar" que "sabe tudo", que em nada confia, sarcástico, reticente, duro com os outros — intransigente e critiqueiro — e frouxo consigo mesmo, cristalizado num estado mental negativo e derrotista.

---

(4) Sobre este tema, vale a pena ver Francisco Ugarte, *Do ressentimento ao perdão*, Quadrante, São Paulo, 2002.

Cheio de autocompaixão, cada nova contrariedade que lhe sai ao encalço, em vez de representar um desafio, parece-lhe confirmar a sua sina funesta, a sua má sorte, ou converte-se em mais uma prova de que "já não há remédio", de que "nestas condições do ambiente, familiares, profissionais, sociais..., não se pode fazer nada", de que "hoje em dia só triunfam os ladrões e os corruptos", de que "o melhor é cuidar da própria vida e deixar que os outros se arrumem como puderem", e de vários outros aforismos e expedientes que imperam no reino da senilidade...

É fácil que um homem assim, em vez de pensar no que ainda pode fazer, se detenha no que já fez ou se agarre ao que possui: ama demais o pobre teto da gruta em que se refugia, sem compreender que esta pode ocultar-lhe o grandioso firmamento onde, por cima de todas as circunstâncias antigas ou recentes, brilha a estrela da sua vocação de filho de Deus. O presente que alberga e protege a sua fraqueza impede-o de olhar para o futuro; podemos dizer que o passado e o presente *afogam* nele o futuro.

Assim fala para si mesmo o homem *velho*: "Coração, tantas vezes começaste, outras tantas fracassaste. Por nada tenhas entusiasmos, sonhos, ilusões, para que em nada te desiludas... Não te does aos outros, não te entregues, porque te podem magoar ou decepcionar. Coração, não te enganes com «ideais»: vive só do presente. Concentra-te em ti mesmo. Agarra-te ao que tens, e frui dos teus pequenos, mas seguros prazeres imediatos... Coração, aprende de uma vez para sempre esta lição: bem-aventurado serás quando em nada esperares, porque assim não serás um desesperado!" Esta é a mais *desventurada bem-aventurança* que o "evangelho" da decrepitude inventou.

Esse homem invalidado para os ideais de altura vai perdendo magnanimidade e, como compensação, ganhando em cobiça. E se não está destinado a morrer abraçado às suas moedas de ouro, como o velho Grandet na novela de Balzac, pelo menos está condenado a viver preso às suas amarras: manias, tabus, desafetos, superstições, invejas e prazeres terra-a-terra, enquanto se fecha como um ouriço a qualquer gesto que lhe reclame abertura para Deus ou os outros: sem dúvida, um homem com mentalidade de velho é sempre um tacanho.

Em última análise, o único horizonte que sobra a um homem desses é a morte. Dá-se nele aquilo que o Papa Bento XVI descreve de maneira tão pungente num dos primeiros parágrafos da sua encíclica *Spe salvi*: acha-se crescentemente "num mundo tenebroso, perante um futuro obscuro". A sua perspectiva pode resumir-se perfeitamente com aquele epitáfio pagão que o Santo Padre cita: "No nada, do nada, quão cedo recaímos"[5].

... E o espírito esportivo do jovem

Não é assim a atitude de quem vive a juventude. O jovem tem a sorte invejável de *ter futuro*, de *amar o futuro*; está repleto "desse *amor futuri*" de que fala o

---

(5) Bento XVI, Carta encíclica *Spe salvi*, 30.11.07, n. 2.

psicólogo Philipp Lersch[6]. Por isso, a sua vida pode ser descrita como um contínuo clamor de esperança.

O jovem tem metas e olha para elas. Empenha-se com todas as suas forças para alcançá-las. E como tem um grande futuro pela frente pode, como um autêntico esportista, lançar o seu olhar além dos fracassos imediatos, das desilusões ou das demoras. "O presente, ainda que custoso, pode ser vivido e aceito, se levar a uma meta e se pudermos estar seguros desta meta, se esta meta for tão grande que justifique a canseira do caminho", explicava também o Papa[7].

Em suma, o jovem, por ter esperança, tem *espírito esportivo*. Para ele, as dificuldades, longe de serem uma muralha que estreita os horizontes da vida, representam um *incentivo* para redobrar o esforço. Se a vida está cheia de contratempos — como numa corrida de obstáculos —, um

---

(6) Philipp Lerch, *La estructura de la personalidad*, Scientia, Barcelona, 1971, p. 251.

(7) Bento XVI, *Spe salvi*, n. 1.

bom desportista compreende que a sucessão de obstáculos a transpor está medindo a potência e a elasticidade dos seus músculos e a coragem do seu espírito. O que para outros seria uma barreira, para ele é um desafio, um incentivo.

As contrariedades, as incompreensões e os fracassos tendem a envelhecer-nos, mas não necessariamente. Todos temos de enfrentar dificuldades e sofrer decepções, mas estas trazem consigo consequências bem diferentes segundo sejam encaradas com espírito negativo e encolhido, envelhecido, ou com esse espírito esportivo de que falamos. Não há dúvida de que, muitas vezes, as *nossas atitudes perante os fatos* são mais importantes que os mesmos *fatos*. É o que diz certa frase do escritor católico inglês William Ward: "O pessimista queixa-se do vento, o otimista espera que ele mude e o realista ajusta as velas".

É aqui, nas nossas atitudes, que reside não apenas a principal característica que permite distinguir entre a juventude e a velhice de espírito, mas o segredo que permite transformar experiências que poderiam envelhecer-nos em *experiências capazes de nos rejuvenescerem*.

No entanto, para que essas experiências não resultem em desilusões ainda maiores, é preciso um algo mais, que só pode ser dado pelo espírito cristão. Ouçamos novamente o que nos diz Bento XVI:

> "O elemento distintivo dos cristãos é o fato de terem um futuro: não é que conheçam em detalhe o que os espera, mas sabem em termos gerais que a sua vida não acaba no vazio. Somente quando o futuro é certo como realidade positiva, é que também o presente se torna capaz de ser vivido. [...] Chegar a conhecer Deus, o verdadeiro Deus: isto é o que significa receber a esperança. [...]
>
> "Quem não conhece Deus, mesmo podendo ter muitas esperanças, no fundo está sem esperança, sem a grande esperança que sustenta toda a vida (cf. *Ef* 2, 12). A verdadeira e grande esperança

do homem, que resiste apesar de todas as desilusões, só pode ser Deus — o Deus que nos amou, e ama ainda agora *até ao fim, até à plena consumação* (cf. Jo 13, 1 e 19, 30)"[8].

Por isso, só um cristão pode realmente fazer sua aquela vibração juvenil que transparece nas palavras de um São Paulo já ancião: *"Não é que já tenha alcançado a meta ou chegado à perfeição, antes prossigo a minha carreira para ver se a conquisto. [...] Esquecendo as coisas que ficaram para trás e atirando-me ao que resta pela frente, vou correndo para a meta a fim de ganhar o prêmio a que Deus nos chama em Jesus Cristo"* (cf. Fil 3, 12-15).

O cristão, se merece esse nome, sempre conserva a juventude, sempre tem futuro, sempre corre na olimpíada da vida para poder subir ao pódio da realização eterna; não se contenta com o presente, sente-se

---

(8) Bento XVI, *Spe salvi*, ns. 2, 3 e 27.

permanentemente instigado pelo desejo de entrar na posse do Amor eterno; ouve continuamente os apelos de uma contínua superação: "Corra sem desanimar!", "Não meça esforços!", "Vale a pena!", "Para a frente!"... Lateja-lhe no peito a *síndrome* do verdadeiro atleta.

Está convencido de que, por cima de todas as adversidades, o seu Pai-Deus jamais desiste de chamar fortemente os seus filhos lá do alto, desejoso de lhes dar o abraço definitivo, de estreitá-los paternalmente no seu amor, na sua infinita alegria... E isto suscita na alma a certeza de que a realização eterna já vem sendo construída de alguma maneira nesta vida temporal.

Por isso mesmo, para um cristão, o que se chama *fracasso* ou *desilusão* deve ser sempre um acontecimento episódico que não o leva à frustração, mas à renovação da luta, feita a partir de uma nova base de experiência. Uma experiência que não lhe diminui a esperança, antes a alimenta, porque lhe permite um conhecimento próprio e alheio mais realista. Uma experiência que lhe revela — como escreve André Maurois — que "os grandes efeitos devem esperar-se não dos grandes entusiasmos e discursos, ou das grandes palavras, mas dos grandes trabalhos e das grandes virtudes"[9].

Uma atitude assim, que sabe *assimilar experiências negativas*, contribui para o enriquecimento vital. É assim que se pode chegar à maturidade do ancião sem perder o entusiasmo do jovem. Porque o tempo e as contrariedades, a umas pessoas *endurecem-nas*, e a outras *amadurecem-nas*. Para estas últimas, o passado negativo incorpora-se positivamente como *ciência da vida*, sedimento enriquecedor, sabedoria: torna-se *esperançosa experiência*.

Juventude e imaturidade

É precisamente essa esperançosa experiência que distingue a juventude de espírito da imaturidade, própria dos que

---

(9) André Maurois, *Arte de vivir*, p. 170.

são jovens apenas pela natureza. O imaturo caracteriza-se por "não ter passado", por "não ter história". "Para sermos maduros — escreve o neurologista Oliver Sacks —, para sermos nós mesmos, devemos *possuir a nossa história*"[10]. O sedimento, o lastro da personalidade é constituído pelo que se vai incorporando à experiência pessoal através da memória. É a falta de memória, no sentido mais profundo do termo, que faz com que tantos "adolescentes" com mais de trinta ou até cinquenta anos — tão frequentes nos nossos dias — simplesmente "vão vivendo", vão "gastando a vida" sem rumo e sem ideal.

O jovem maduro, por contraste, sabe *ponderar*, meditar, dar a cada acontecimento o seu devido peso — *pondus*, em latim, significa "peso" —, e concretamente dar aos êxitos e aos fracassos o valor que merecem, incorporando-os à sua história pessoal e construindo assim a sua personalidade. E assim podemos falar,

---

(10) Oliver Sacks, *O homem que confundiu sua mulher com um chapéu*, Imago, Rio de Janeiro, 1985, p. 58.

paradoxalmente, de "experiências que rejuvenescem", porque é justamente uma personalidade enriquecida e lastreada que pode olhar de maneira realista e confiante para o futuro.

Naturalmente, isso implica saber aonde se quer chegar, porque, como nos diz o sábio romano Sêneca, "nenhum vento é favorável para o navio que desconhece o seu porto de destino". Mas quem o conhece e o ama, já o dizíamos, sabe aproveitar até os ventos mais desfavoráveis.

Diz uma frase famosa da Sagrada Escritura: *Entendi mais que os anciãos, porque observei os vossos preceitos* (Sl 118, 100). Com efeito, quem vive plenamente de acordo com a sua vocação compreende a vida melhor que os anciãos, ainda que tenha poucos anos. Porque, sabendo que tem um caminho traçado por Deus, aprende a filtrar de cada acontecimento apenas o que o ajuda a percorrê-lo melhor: consegue assim, como bom marinheiro atento ao porto de destino, aproveitar em seu favor até os ventos contrários.

O alto-forno da dor

Esse saber *ponderar* tem um especial significado quando se trata da dor[11].

Todo o sofrimento passa. Mas o fato de se ter sofrido não passa em vão — para bem ou para mal. Todos os homens sofrem, mas só o cristão sabe dar sentido à dor por meio de uma oração ponderada.

A dor entrou no mundo com o pecado — Deus não o quer, somente o permite —, e foi precisamente a dor uma das formas escolhidas por Deus para redimir o pecado. Não uma dor procurada de forma doentia, masoquista, como se tivesse uma finalidade em si mesma, mas buscada como meio de realizar finalidades mais altas: como essa dor levada com garbo por amor a uns seres queridos ou para não tornar mais pesada a vida dos outros; ou como esses sacrifícios que acompanham o cumprimento fiel dos deveres, o esforço por superar os defeitos dominantes ou por

---

(11) Sobre todo este tema, cf. Richard Gräf, *O cristão e a dor*, Quadrante, São Paulo, 2007.

conseguir o domínio da nossa natureza desordenada.

Podemos entender isto de diversos pontos de vista.

Diríamos que uma criatura que não sabe utilizar a dor como fator catalisador, reanimador da sua personalidade, acaba por converter-se num ser atrofiado, raquítico. A dor, levada com bom ânimo, engrandece: faz-nos compreender os sofrimentos dos outros, abrir-nos aos necessitados e doentes; ajuda-nos a agradecer os benefícios que temos, em contrapartida dos que nos são tirados; purifica os nossos defeitos e pecados; faz aquele trabalho de "poda" que favorece o crescimento da videira, de acordo com a imagem evangélica: *E o meu Pai é o lavrador que poda a videira para que dê mais fruto* (Jo 15, 2). Numa palavra, dá-nos uma têmpera forte, disposta habitualmente a enfrentar com serenidade o que para outros significaria a consagração permanente de um estado de tristeza.

Quando um homem experimentou na sua própria carne a verdade daquelas palavras da Sagrada Escritura: *A alma purifica-se na dor, como o ouro no fogo* (Pr 27, 21; Eclo 2, 5; Pr 17, 3), sabe que é exatamente entre os que nada sofreram que se podem encontrar os homens mais imaturos, mais superficiais e medíocres, e que, entre os que não acharam ainda o sentido da sua dor, se encontram precisamente os mais pessimistas, recalcitrantes, inconformados e infelizes. Não lhe escapa que o sofrimento é a verdadeira prova — o teste definitivo — para medir o valor humano: que, assim como os reveses pulverizam os fracos, da mesma maneira galvanizam os fortes; que o golpe, ao ferir a alma, prova se o barro, ao desfazer-se, é barro, ou se o bronze, ao ressoar, é mesmo bronze.

A familiaridade com o êxito, com a vida fácil, com um nível econômico excessivo, com uma saúde sem percalços, faz com que muitas pessoas vivam superficialmente, resvalem sobre o verniz brilhante das coisas perecíveis como se elas fossem eternas, e não se aprofundem nas camadas mais íntimas da alma, que é onde se encontram os valores mais autênticos:

vivem como alienadas na familiaridade epidérmica dos acontecimentos externos. São pessoas imaturas.

E de repente rasga-se essa familiaridade superficial. Penetra até ao âmago a ponta ardente da dor ou o vislumbre doloroso da morte, acompanhado dos lampejos de uma eternidade na qual nunca se quis pensar; a alegria episódica desaparece como fumaça e a tristeza inconsolável estende-se como uma sombra. E, contudo, é precisamente nesses momentos que se podem descobrir os valores mais profundos.

Tempos atrás, foi libertado um jornalista sequestrado no Líbano. Tinha passado mais de dois anos confinado num recinto minúsculo em que nem sequer podia ficar de pé. Todos receavam que estivesse física e psiquicamente desfeito. Apareceu com lesões corporais muito graves, mas mentalmente são. E, ante a surpresa de todos (era tido por homem afastado da fé), declarou estar muito agradecido a Deus porque chegara à conclusão de que, graças a esses anos, *"já não morreria como um idiota"*, preocupado com coisas que, no fundo, não tinham importância nenhuma[12].

Um acontecimento dramático como esse foi, para um homem que vivia superficialmente, a grande lição da vida que o fez recuperar o sentido da sua existência. Foi para ele um rejuvenescer. Mas não é necessário passarmos por situações trágicas para deixarmos de "ser idiotas", para deixarmos de ser "ridículos adolescentes" que vão resvalando pela vida no meio de futilidades e satisfações efêmeras. Por um lado, as experiências alheias, menos dolorosas para nós, podem representar, na vida cotidiana, como um sinal de advertência ou uma forte sacudida de alarme que nos libertem de uma espécie de infantilismo imaturo. Por outro, com frequência, muitos homens ganharam maturidade, *reencontraram-se* a si mesmos e *reencontraram* a Deus no meio dos sofrimentos ou contratempos da sua existência comum. Se tivéssemos uma sensibilidade mais apurada, saberíamos

---

(12) Cf. Francisco Fernández-Carvajal, *A quem pedir conselho?*, Quadrante, São Paulo, 2000, p. 19.

descobrir na vida que nos rodeia lições não menos valiosas.

Não é verdade que um simples resfriado inoportuno, um ataque de labirintite, uma torção no tornozelo no futebol de fim-de-semana, ou, noutro plano, um "amigo" que não cumpre a palavra, um negócio que naufraga quando tinha tudo para dar certo, nos podem fazer ganhar consciência das nossas limitações, da relatividade dos nossos esforços? Ou ainda que um bem pelo qual tanto suspirávamos afinal veio a revelar-se bem abaixo das nossas expectativas? Com efeito, podemos frustrar-nos por uma de duas razões: ou porque não conseguimos as coisas que desejávamos, ou porque as conseguimos e vimos que não valiam a pena.

A partir dessas situações dolorosas e frustrantes, podemos remontar-nos à procura de algo mais consistente. Neste sentido, Lersch comenta acertadamente que, na vida do indivíduo — como naquele "morrer e renascer" de que fala Goethe —, as dores, os fracassos e as desilusões "podem converter-se num purgatório no qual se calcinam, como num alto-forno, os últimos conteúdos do sentido da existência. Não raramente o homem tem de atravessar o *ponto zero crítico* da sua existência, constituído pelos lados sombrios de qualquer vida, para encontrar o seu *núcleo metafísico*"[13], isto é, o sentido maduro da sua vida, a sua vocação divina.

O Papa Bento XVI resume de maneira muito bela o sentido cristão da dor e da morte nesta passagem da *Spe salvi*:

> "*O Senhor é meu pastor, nada me falta.* [...] *Mesmo que atravesse vales sombrios, nenhum mal temerei, porque estais comigo* (Sal 23 [22], 1.4). O verdadeiro pastor — Cristo — é Aquele que conhece também o caminho que passa pelo vale da morte; Aquele que, mesmo na estrada da derradeira solidão, onde ninguém me pode acompanhar, caminha comigo servindo-me de guia

---

(13) Philipp Lersch, *La estructura de la personalidad*, p. 255.

ao atravessá-la: Ele mesmo percorreu esta estrada, desceu ao reino da morte, venceu-a e voltou para nos acompanhar a nós agora e nos dar a certeza de que, juntamente com Ele, acha-se uma passagem. A certeza de que existe Aquele que, mesmo na morte, me acompanha e com o seu *bastão e o seu cajado me conforta*, de modo que *não devo temer nenhum mal* (cf. Sl 23 [22], 4): esta é a nova esperança que surge na vida dos cristãos"[14].

Conheço homens que, passados já dos sessenta, entraram nesse alto-forno da decepção e da dor e saíram renovados com um novo sentido — humano e divino — para a sua existência. Como se só então — é esta a sensação que se tem — estivessem realmente centrados no verdadeiro núcleo da personalidade, como se só então se sentissem felizes, arrastados pela corrente

---

(14) Bento XVI, *Spe salvi*, n. 6.

esplêndida que, em última análise, conduz todas as coisas para Deus, junto de quem *já não haverá morte, nem luto, nem gritos, nem dor, porque as coisas velhas já terão terminado* (Apoc 21, 4). Uma dessas pessoas dizia-me depois de ter feito um retiro: "Sinto-me como se tivesse renascido: tal como um rapaz de vinte anos".

É assim que, para os que têm essa têmpera cristã, a dor não lhes *marca* o ânimo, não lhes deixa uma ferida que nunca acaba de cicatrizar, mas revigora-lhes as energias, faz crescer neles a esperança e prepara-os para novas lutas e conquistas.

Um diálogo inusitado entre o jovem e o velho

Todos se lembram do anúncio — por sinal bastante perspicaz — martelado pelo slogan: "Eu sou você, amanhã". Era o anúncio de uma marca de uísque. Na primeira tomada, aparecia um rapaz, no domingo, bebendo esse uísque, talvez um pouco "alto" e especialmente preocupado com o que aconteceria depois da bebedeira, no primeiro dia de trabalho. Na cena seguinte, aparecia na segunda-feira, lépido, alegre, sem qualquer sinal de "ressaca", dizendo com um sorriso para aquele que tinha aparecido na primeira cena: *"Eu sou você amanhã"*.

Alguma vez pensei como seria revelador pôr a dialogar assim as duas personalidades diferentes — a do jovem e a do velho — vivenciadas pelo mesmo indivíduo. Por isso mesmo, fiquei gratamente surpreso quando encontrei precisamente um diálogo desse tipo, tirado de uma das páginas do volumoso e célebre *Journal* de Julien Green, membro da Academia Francesa:

> "Eis que você já chegou perto dos quarenta e dois anos... Que pensaria de você o rapaz que você era aos dezesseis, se agora pudesse julgá-lo? Que comentaria sobre o tipo de pessoa em que você se converteu? Concordaria em continuar vivendo para chegar a isso que você é agora? Por acaso valeria a

pena? Quantas esperanças secretas, das quais agora nem sequer se lembra, você chegou a frustrar com a sua vida?

"Seria extremamente interessante, embora um tanto triste, poder pôr frente a frente esses dois seres: um deles, o mais jovem, que tantas expectativas possuía, e o outro que tão poucas chegou a realizar. Imagino o moço apostrofando sem indulgência o mais velho: — «Você enganou-me, roubou os meus ideais. Onde estão os sonhos que lhe tinha confiado? O que você fez com o enorme capital, com a riqueza que tão generosamente lhe pus nas mãos? Eu confiava em você; tinha-me comprometido em você, e você conseguiu levar tudo à bancarrota, à falência...»

"E que diria o mais velho, para defender-se? Falaria das experiências adquiridas, das ideias inúteis lançadas pela borda, mostraria os livros que estudou, falaria da sua reputação, buscaria febrilmente nos seus bolsos, nas gavetas da sua mesa, algo para justificar-se. Mas defender-se-ia mal, e acredito que ficaria envergonhado"[15].

O diálogo entre o jovem e o velho Green não é mera imaginação do autor, mas fruto de uma vivência pessoal. Quantos não trazem dentro de si, a roer-lhes o fundo da alma, esta acusação do seu "eu juvenil": "Você frustrou todos os meus projetos, com esse seu comportamento indolente, apático e covarde!... Malbaratou as esperanças que eu depositava no meu futuro, convertendo-as nessa realidade mesquinha e desanimadora... Você transformou-me numa pessoa medíocre!"

E, por mais que se desculpem — "Entenda que você, aos dezessete anos, era ingênuo demais, vivia de ilusões inatingíveis, não tinha a experiência que tenho

---

(15) Em Vister Waal, *Julien Green, personalité et creation romanesque*, Assen, 1970, p. 68.

hoje... Esses desejos de «conseguir uma personalidade de altura», de «redimir a humanidade», de «implantar uma nova civilização do amor e da solidariedade», de «realizar uma missão divina...», eram desejos faraônicos, romantismos de adolescente, lirismos de grandeza... Deve convir comigo em que é preciso ter os pés no chão, aceitar a dura e frustrante realidade da vida..." —, não conseguem, como reconhece honestamente o escritor franco-americano, enganar a sua consciência.

E, ao contrário, como seria melhor se todos nós pudéssemos dizer, encarando francamente o jovem que nos olha, às vezes, das profundezas do nosso passado: — "Pode ficar contente, pois não malbaratei os seus ideais. Esforcei-me muito para não o decepcionar; na verdade, eu mesmo estou muito feliz por saber que você não se sentirá defraudado... Como é bom poder dar-lhe a boa notícia de que valeu a pena sacrificar-se e viver!"

RENOVAR A VIDA

O ideal

Qualquer homem que pretenda avivar ou renovar em si a juventude de espírito deveria sentir borbulhar em si as palavras que um personagem de Friedrich Schiller, o maior dramaturgo alemão, lançava angustiado do meio do palco: "Tenho vinte e sete anos e ainda não fiz nada pela eternidade!" Sim, qualquer homem, em qualquer faixa etária, deveria poder gritar no cenário deste grande teatro do mundo: — "Que saudades tenho de uma juventude eterna!, que saudades tenho de Deus! Que desejos tenho de fazer coisas grandes por Ele!"

A força da juventude depende, em grande medida, da força do ideal. Quando este se perde, perde-se a juventude em qualquer idade. Se o ideal esmorece, empalidece em nós a motivação, o impulso vital: já não há nada que nos chame lá do futuro, já não há uma força motriz capaz de erguer-nos das nossas decepções. Quando se esfuma esse horizonte existencial que confere sentido à vida, deixa ao mesmo tempo de haver *consciência de missão* e de vocação, e falta-nos o fôlego para a luta. Seríamos como alguém que saísse de casa sem saber para onde ir. Com apenas vinte anos, a pessoa pode sentir-se um *aposentado da vida*. Esse não vive, vegeta! Esse não anda, vagueia!

Alfonso Aguiló, vice-presidente do Instituto Europeu de Estudos para a Educação, afirma contundentemente que, "quando uma pessoa jovem não tem ideais, é bem provável que a espere um futuro pouco alentador. Por isso, *um dos erros mais maléficos é empurrar os jovens para a mediocridade e a falta de esperança.* [...] A vida madura — como escreveu Martin Descalzo — deveria ser a colheita da generosa semeadura dos anos juvenis"[1].

---

(1) Alfonso Aguiló, em *Hacer familia*, Ediciones Palabra, Madri, n. 81, nov. 2000, p. 66.

Tenho encontrado com frequência, jovens com um profundo sentimento de revolta. Essa revolta não é outra coisa senão o grito de um grande ideal recalcado. A sociedade, os estabelecimentos de ensino e os próprios pais, às vezes só sabem oferecer ideais padronizados de nível consumista ou hedonista. O desejo que todo o homem tem de fazer coisas à altura da sua dignidade fica recalcado por projetos que o incentivam apenas a procurar um nível de vida econômico mais elevado ou um sucesso social que satisfaça a sua vaidade. E o que há de mais profundo, esses anseios de absoluto, ficam asfixiados no mais íntimo do coração. E é isso o que provoca a revolta em forma de rebeldia.

"O homem ultrapassa infinitamente o próprio homem"[2], diz significativamente Pascal. O homem ultrapassa infinitamente os horizontes puramente terrenos e os desejos meramente humanos. Quer ser mais

---

(2) Pascal, *Pensées*, Brunschvicg, n. 434; cf. Maurice Zunderer, *L'homme dépasse l'homme*, Le Caire, Dulflien, 1944.

e mais e muito mais; precisa de verticalidade. Engaiolado no espaço e no tempo, quer expandir-se e abranger toda a beleza, toda a perfeição, toda a harmonia, toda a felicidade. Mesmo que não o saiba, quer fundir-se com Deus num abraço eterno de amor... E quando se sente dominado por esse "império da trivialidade" que prospera na nossa sociedade de consumo, sente-se sufocado pela ausência de horizontes.

Pode acontecer também que, sem o perceber, a pessoa se vá deixando manipular pela mediocridade reinante, permitindo que o "homem das alturas" que traz dentro de si seja progressivamente usurpado por esse outro que chafurda no pântano da horizontalidade, da apatia desmotivadora. E, porventura, só vem a perceber essa realidade nefasta quando já dobrou o "cabo da boa esperança", depois dos quarenta anos, verificando, com a melancolia de um velho decrépito, que passou todos esses anos escrevendo a sua biografia na superfície da água que tudo apaga.

A nossa juventude tem as dimensões do nosso ideal. A nossa juventude de espírito tem a consistência e a durabilidade do nosso ideal. Ideais pequenos — se é que ainda merecem o nome de ideais — geram uma juventude minguada, raquítica, apagada. Ideais transitórios produzem vidas flutuantes, sempre dependentes de uma motivação ocasional.

Quem investe todo o seu empenho e entusiasmo em ser apenas um grande profissional, quando chegar a atingir essa meta, a sua expectativa vital esmorecerá, e com ela também a vibração da sua juventude, se ao lado dela e servindo-se dela não perseguir a realização de um ideal maior. E o que dizemos da profissão, poderíamos dizê-lo também da vida social, do êxito político, econômico, afetivo...

É por isso que em muitas vidas se sucedem as euforias e as depressões, à semelhança do diagrama patológico de uma febre tropical... O estado anímico de um homem de ideais pequenos e flutuantes assemelha-se às sensações provocadas por uma "montanha russa"... E depois pode aparecer aquela crise da meia-idade, quando já se esgotaram as possibilidades de ascensão e não se vislumbram no horizonte outras metas, outros cumes que incentivem a luta. Aí aparecem a apatia, a desmotivação, o desânimo ou, ao contrário, uma sofreguidão que mata a paz interior, e que são sintomas evidentes de perda da juventude.

O espírito juvenil perene reclama, por essa razão, ideais profundos e *permanentes*. É preciso tomar consciência de que o homem, no dizer de Saint Exupéry, é "esse nômade à procura do absoluto" ou *aquele ser de coração inquieto que só encontrará repouso enquanto não descansar em Deus*, como se expressa Santo Agostinho[3]. Quando o homem não encontra o Absoluto ou quando absolutiza o relativo, o êxito profissional e os demais valores puramente humanos, aquilo que começa por ser gostoso e deleitável — a vida confortável — acaba por ser entediante e insuportável!

É preciso, pois, levantar os olhos, superar a "visão de quintal", ter uma visão

---

(3) Cf. Santo Agostinho, *Confissões*, 11.

mais ampla, que mantenha abertos os horizontes. Numa palavra, é preciso ter uma visão mais "católica", mais universal, que nos apresente um *grande ideal entitativo* (o que devemos ser): *"Sede perfeitos como o vosso Pai celestial é perfeito"* (Mt 5, 48). E um ideal operativo (o que devemos fazer): *"Ide por todo o mundo e evangelizai toda a criatura"* (Mc 16, 15).

Cristo, o maior de todos os ideais

Esse grande "ideal entitativo" já existe, e foi-nos proposto pelo próprio Deus: resume-se em abrir o peito e colocar nele o grande coração de Cristo.

Há quem faça uma triste ideia redutora de Cristo. Pensa-se que Ele nos chama a uma vida honesta, bem comportada, incompatível com as grandes e nobres ambições humanas. Não, o cristianismo não nos exige que renunciemos a uma personalidade de categoria. Muito pelo contrário. O cristianismo não é assim. Quando Pilatos disse, referindo-se a Jesus: *"Ecce homo"*, *"Eis o Homem!"*, não sabia que estava proclamando: "Eis o Homem por excelência, o Homem por antonomásia". Não houve ninguém que tivesse uma personalidade tão grande, uma influência tão marcante na humanidade como esse Homem. E nós precisamos desse Homem com letra maiúscula, precisamos dessa Personalidade também com letra maiúscula.

Não é verdade que cada um de nós está, consciente ou inconscientemente, à procura do seu arquétipo perfeito a quem possa imitar? Não é verdade que, quando em determinado momento aparece uma autêntica personalidade no mundo da arte, da ciência, da política, do esporte, se levanta à sua volta uma onda de entusiasmo, um afã de imitação?

É que as formas imperfeitas, embrionárias, que trazemos dentro do nosso ser, aspiram ao seu completo desenvolvimento, têm anseios de altura e remexem-se inquietas no fundo da alma quando veem um reflexo daquela perfeição que tanto desejam. E o que não acontecerá quando, diante do nosso olhar, se desenhe toda a infinita perfeição de *um Deus feito Homem*? Não há ser humano que tenha conhecido verdadeiramente a figura de Cristo e que, ao mesmo tempo, tenha ficado indiferente: Cristo é o *ideal* por excelência.

É preciso colocar diante dos olhos a verdadeira figura de Cristo — não aquela deformada pela rotina, pelos preconceitos, pela ignorância ou pelo fanatismo — para vê-lo como Ele realmente é: essa figura única e irrepetível — *"Deus perfeito, homem perfeito"*[4] — que condensou num todo extraordinariamente coerente virtudes que dificilmente se encontrariam unidas numa única pessoa: a fortaleza e a amabilidade, a sabedoria e a simplicidade, a audácia e a prudência, a liderança e a compreensão, a benignidade e a justiça, a temperança e o amor apaixonado pelo mundo e pelos homens. Às vezes, insiste-se tanto no aspecto divino de Cristo que fica esquecida a sua personalidade

---

(4) *Símbolo atanasiano*.

humana. É necessário abrangê-lo numa visão integral.

Fora dEle, que é o *caminho*, só existe o extravio; fora dEle, que é a *verdade*, só existe a mentira; fora dEle, que é a *vida*, só existe a morte. Ele engloba em si o verdadeiro amor. Todos os amores humanos nEle se purificam, se elevam, ganham permanência e justificam a existência inteira: nEle se transfiguram e se enobrecem.

"Permanecei no meu amor", disse-o Ele. Mas como é esse seu amor? É um amor generoso, porque se manifestou pela suprema prova da entrega da vida, e não ficou em palavras e sentimentos. É um amor delicado, diríamos escondido, que jamais se impôs pelo resplendor da sua divindade, mas pela ternura de um coração compassivo. É um amor "excessivo", porque a sua Pessoa divina só podia amar como Deus, e Deus excede-se em todas as suas obras. É um amor gratuito, que não trabalha pela recompensa.

O aprofundamento na vida e no amor de Cristo representa a superação de uma ideia fria — de um cristianismo apagado — para passar a uma *ideia-força*, que arrasta a personalidade inteira com todo o calor das grandes paixões. Apresenta-se como um ideal divino e humano que — quando conhecido no seu autêntico significado — faz vibrar o coração nas suas fibras mais íntimas, tornando-se a motivação vital e o modelo perfeito de um espírito sempre jovem que se supera continuamente para alcançar a meta de ser "outro Cristo"[5].

A vocação cristã, ideal operativo

Aquele jovem do Evangelho, que se negou a seguir Jesus, *ficou triste* (Mt 19, 22). Aproxima-se do Senhor cheio de bons desejos. Não se contentava só com cumprir os mandamentos. Queria mais. E quando Jesus lhe falou da renúncia necessária para conseguir a perfeição, afastou-se triste porque não estava disposto a esse sacrifício. Não teria percebido então que estava dando

---

(5) Cf. Rafael Llano Cifuentes, *A constância*, Quadrante, São Paulo, 1989, pp. 9 e 10.

as costas ao seu único norte? *"Et abiit tristis"*... Os trigais floresciam, as arcas enchiam-se de dinheiro, os criados atendiam-no solícitos, as jovens corriam atrás dele..., mas ele *estava triste*. Havia perdido o caminho. Tinha-se ancorado em si mesmo. Já não era um ser em crescimento, aberto para um grande destino. Como a larva afogada no seu casulo, sentira a dor de asas por crescer, a nostalgia de voos por empreender... Mas bloqueou o seu futuro no estreito reduto do seu egoísmo. Era um velho, embora tivesse dezoito anos!

Talvez se pense que são duras determinadas renúncias, que é doloroso dilatar os campos da alma para os grandes amores, mas posso assegurar — por tê-lo presenciado mais de uma vez, infelizmente — que é muito mais duro ter que ruminar durante a vida inteira a frustração de uma chamada às alturas não correspondida.

Porque ser fiel ao chamado divino é tudo na vida: "A vocação acende uma luz que nos faz reconhecer o sentido da nossa existência. É convencermo-nos, sob o resplendor da fé, do porquê da nossa realidade terrena. A nossa vida — a presente, a passada e a que há de vir — ganha um novo relevo, uma profundidade de que antes não suspeitávamos. Todos os fatos e acontecimentos passam a ocupar o seu verdadeiro lugar: entendemos para onde o Senhor nos quer conduzir, e nos sentimos como que avassalados por essa tarefa que Ele nos confia"[6].

Não podemos imaginar, se não o experimentarmos, a mudança que se pode operar na nossa personalidade quando nos deixamos possuir até à medula por uma missão divina. É como se a mais forte motivação nos empurrasse, como se de lá, do nosso futuro, partisse um braço de ferro que nos levantasse de todos os desânimos: sentimo-nos como que arrastados por uma avalanche de força avassaladora para superar o último obstáculo e vencer a nossa última batalha[7].

---

(6) São Josemaria Escrivá, *É Cristo que passa*, Quadrante, São Paulo, 2022, n. 45.

(7) Cf. Rafael Llano Cifuentes, *Deus e o sentido da vida*, pp. 313-315 e 320.

Quando alguém, apesar de todos os sacrifícios, se dispõe a assumir o seu destino, a missão a cumprir arrasta-o gozosamente. A vocação chama-o primeiro em forma de exigência, mas depois propulsiona-o com a força de um guindaste, e no fim dá-lhe a jubilosa certeza de que está caminhando na direção da sua plenitude completa.

A consciência de uma missão a cumprir arranca energia das próprias raízes do nosso ser. Faz-nos retroceder até à origem dos nossos dias e, recolhendo toda a força vital da nossa existência — herança, sangue, sonhos jovens, recordações animadoras, experiências e conhecimentos, fecundos desejos, paixões e entusiasmos —, lança-nos para o futuro, para a plenitude do nosso ser.

Não se trata, fora os casos de um chamado especial para o sacerdócio ou para a vida religiosa, de modificar as circunstâncias externas. Falamos aqui da vocação batismal, comum a todos os batizados: *todo o cristão tem essa vocação divina!* Trata-se de fazer da vida de todos os dias, nas circunstâncias mais ou menos favoráveis em que nos encontremos, uma contínua busca da imitação de Cristo. Tudo — a família, o trabalho, os sucessos, os fracassos, as alegrias, as tristezas, a doença, a dor —, *tudo* pode ser lugar de uma experiência de Deus em plenitude.

Homens sem consciência de vocação: homens de futuros mortos. Essa dimensão do homem que o arrasta a crescer, a progredir, a "ser mais", está apagada neles. O futuro está mudo. Não os chama. Não existe para eles um incentivo fora da realidade opaca do dia a dia. Não há motivação. Um homem assim é, enquanto não mude, um *caso perdido*..., um velho caduco, um cadáver ambulante.

Renovar o ideal é renovar a juventude

A língua portuguesa é a única que identifica a palavra *jovem* com a palavra *novo*. *Os mais novos são os mais jovens*. É muito expressiva essa forma linguística porque verdadeiramente renovar-se — reencontrar novas luzes na estrela da vocação —

é rejuvenescer. E assim aparece na linguagem de São Paulo, que lança mão com frequência da expressão *nascer para uma vida nova*, e na de São João, que nos recorda aquele *voltar a nascer sendo velho* do diálogo de Jesus com Nicodemos (cf. Jo 3, 4).

Depois destas considerações parece que se impõe à nossa consciência uma pergunta: sou jovem ou sou velho? Não respondamos: sou jovem porque tenho dezessete anos ou sou velho porque tenho oitenta. Respondamos antes a variantes da mesma pergunta:

— Qual é o panorama *hoje* da minha existência futura?
— Os meus projetos — se é que os tenho —, em que áreas se situam? Compreendo que sou portador e, ao mesmo tempo, protagonista de um projeto divino, e de que dele dependem os demais planos que faça, sob pena de me envelhecerem?
— Tenho consciência de todas as potencialidades escondidas na minha alma: da minha capacidade de superar os

defeitos, de buscar de um amor mais puro e generoso, numa palavra, de chegar à *santidade*?

— Percebo que, com os meus poucos ou muitos anos de vida, existe em mim uma capacidade infindável de bem, que se remexe inquieta em formas embrionárias no meio dos meus imediatismos egoístas?

E podemos continuar a questionar-nos:

— De que meios me sirvo para não abafar a minha dignidade de filho de Deus, de membro da *família* de Deus?

— Sei que, por mais negro que tenha sido o meu passado, posso *apagá-lo* no sacramento da misericórdia divina, a confissão sacramental? E recomeçar, isto é, renascer?

— Busco na meditação da vida de Cristo a fonte de um contínuo crescimento interior, a fim de ser verdadeiramente *outro* Cristo, que é sempre jovem porque é sempre o mesmo, *ontem, hoje e sempre*?

— Procuro esse crescimento em Cristo no esforço por adquirir determinada virtude, aquela que mais falta me faz para ser melhor esposo [esposa], melhor pai [mãe], melhor profissional, melhor amigo [amiga] dos meus amigos? Numa palavra, para apresentar *um retrato vivo de Cristo* a todos aqueles que convivem comigo? E qual é essa virtude, hoje?

Que respostas estamos dando a estas perguntas? Não passemos a página deixando a questão para outro dia, nem encolhamos os ombros em sinal de indiferença, nem nos conformemos com uma resposta ambígua ou imprecisa... Porque a atitude que tomemos diante desta questão medirá o grau da nossa juventude de espírito. Será que gostaríamos de escutar alguém cochichando nas nossas costas: — "Você já viu fulano? Como está! Que desanimado para tudo!, que mesquinho, às vezes! Como se agarra às suas coisas, que falta de horizontes!... Parece já um *velhote esclerosado!*"

Renovar-se a si mesmo nada tem que ver com essas determinações genéricas que dizem pura e simplesmente: —

"Tenho que mudar!", e que tantas vezes são uma forma benigna de desculpa ou uma justificativa perante os nossos erros ou pecados. É fazer de cada dia uma etapa indispensável na realização desse ideal de vida que, de outro modo, se perderá no meio de outros "brinquedos de criança". Renovar-se a si mesmo significa algo mais profundo: é *redescobrir o sentido peculiar ou intransferível da nossa vida*, reencontrar as raízes mais fundas de nossa razão de ser, da nossa vocação, do nosso ideal e deles tirar nova seiva... como um renascimento, que comunique maior vigor à nossa corrida, e marque mais nitidamente a trajetória da nossa existência.

Bem é certo que uma pessoa que tenha aprendido uma engenhosa arte de viver pode ir alargando, aumentando habilmente os incentivos, embaralhando sagazmente as motivações — novos campos de interesses, atividades esportivas ou artísticas paralelas, "hobbies", tarefas profissionais complementares, ocupação com filhos ou netos, viagens... etc. —, substituindo umas por outras, criando derivativos, prolongando, enfim, o gosto pela vida. Mas tudo o que é humano acaba. O mais que se pode fazer é atrasar o desalento da decrepitude. De forma inversa, dar a cada dia o sentido de um tijolo na construção do edifício da nossa realização definitiva — sempre na linha dos dias anteriores, numa continuidade de esforços — representa a eficaz caminhada no sentido profundo da nossa vocação: preserva a ligação com a fonte de onde jorra o ideal. Este converte-se então no eixo diamantino de um relógio que não se desgasta com a passagem do tempo.

O dia a dia irrigado e revivificado pelas águas do ideal... Como assegurá-lo? Não existe outro meio fora da oração. Sem esse encontro com Deus, num colóquio de todo o nosso ser com Aquele de quem obtemos toda a existência e sentido, cortamos a ligação com a fonte, e o curso da nossa vida não demora a estancar-se. O rio torna-se charco, pântano, onde se acumulam os detritos das nossas experiências abortadas ou, pelo menos, insatisfatórias, e que em breve exala um odor fétido. Falar diariamente na oração com esse "Deus que é a alegria da nossa juventude" (cf. Sl 42, 4) é o modo mais *radical* de renovação.

Faz pouco tempo, por ocasião do meu aniversário natalício, concelebrei em Brasília com outros bispos do Conselho permanente da CNBB, e pareceu-me oportuno falar na homilia da passagem do tempo e da juventude como qualidade da alma. Após o ato, um dos concelebrantes, bispo emérito de setenta e nove anos, quis conversar comigo. Disse-me que, quando garoto, tinha sido coroinha e ajudava à Santa Missa de um sacerdote ancião de oitenta anos. Sempre ficava admirado com o fervor e a alegria com que aquele padre idoso celebrava. Mas não entendia então o significado das palavras do Salmo com que naquele tempo se iniciava a missa: "Venho ao altar de Deus. / Ao Deus que alegra a minha juventude" (cf. Sl 42, 4)[8]. "Aos seus oitenta anos, dizia que Deus alegrava a sua juventude!

---

(8) Início da Missa de São Pio V.

Naquela altura, eu não compreendia a sua atitude, mas agora, sim: agora que estou também próximo dos oitenta anos, Deus é para mim a alegria da minha juventude. Peça ao Senhor para que cada dia seja mais jovem e mais alegre".

O contato com Cristo rejuvenesce. O reiterado trato com Jesus no sacrário ou num lugar tranquilo da casa, uma conversa informal com Ele face a face, de coração para coração, "como o amigo fala com o amigo" (cf. Êx 32, 11), dá novas forças. As palavras que nesse silêncio o Senhor nos dirige, pela meditação do seu exemplo, das suas chamadas e promessas afetuosas, os atrativos da sua Pessoa divina — a segurança que nos transmite, a sua poderosa capacidade de compreender-nos, o amor de que nos rodeia — e especialmente a certeza que nos dá de ser para nós o *único* "caminho, verdade e vida", são como uma injeção de esperança e de juventude no nosso desejo ilimitado — e tantas vezes infrutífero — de sermos felizes: desperta-nos para novos entusiasmos, rasga-nos um horizonte que renova a alma e dinamiza qualidades porventura adormecidas ou atrofiadas pela inércia, pelos insucessos ou simplesmente pelo peso dos anos.

Renovemos a nossa vida espiritual, se está debilitada, ou iniciemos vigorosamente a nossa primeira experiência cristã séria, se ainda não o fizemos. Perceberemos então como se rejuvenescerão também os nossos ideais intelectuais, afetivos e profissionais.

"Procurarei, Senhor, o teu rosto!"

"Procurarei, Senhor, o teu rosto!" (Sl 26 [27], 8). Não existe outro meio de não termos alma de velhos. Quando fixamos em Deus o nosso olhar, renunciamos à vida passada, "despojamo-nos do homem velho [...] e revestimo-nos do homem novo, criado à imagem de Deus em verdadeira justiça e santidade", na expressão de São Paulo (cf. Ef 4, 22-24).

"Renunciar à vida passada"... O "homem novo", que "renova sem cessar os sentimentos da sua alma", é alguém que não se deixa dominar pela tentação das recordações. Não murmura em lamurientos monólogos: — "Lembra-se daqueles anos de outrora, daquele tempo passado que foi melhor? Que pena!; já se foram para não voltar!..." Não! Esse homem olha para o futuro! Não permite que o dominem essas saudades, que são como a doce e mortal sonolência que se apossa de um homem antes de morrer na neve.

Quando sente desfilarem os anos, esbaterem-se com esfuminho os projetos entusiasmados da mocidade; quando observa a marca do tempo no rosto dos seres queridos; quando um projeto durante tantos anos acariciado se torna já impossível; quando persiste a memória da pessoa amada que deixou esta vida..., essa pessoa sabe ouvir o Senhor que lhe diz: *"Deixa que os mortos enterrem os seus mortos! Tu vem e segue-me"* (Mt 8, 22). Existe *ainda* muito por fazer, *ainda* há muito por construir, por melhorar, muitas virtudes por obter, muitos empreendimentos por realizar, muitas pessoas a quem tornar felizes, existem *ainda* muitas almas por salvar...

E *ainda* temos toda a eternidade de Deus, que nos espera ao lado dos seres queridos! Ponderando assim as coisas, como é possível envelhecer?!

Já pensamos alguma vez na sonoridade fonética e psicológica que tem a palavra *ainda*? *Ainda* é uma das palavras mais bonitas do nosso léxico. *Ainda* é o advérbio da esperança e da juventude.

Oxalá todos pudéssemos fazer nossas, em todos os aspectos da nossa vida, as palavras do pintor Poussin: "À medida que envelheço, sinto-me cada vez mais dominado pelo desejo de exceder-me a mim mesmo e de conseguir a mais alta perfeição". É por esse desejo que se supera a dicotomia aparentemente intransponível do conhecido ditado francês: "Ah! Se a juventude *soubesse*... e a velhice *pudesse*..." Sim, quando se está com Deus, é possível unir a experiência do ancião à esperançosa vibração juvenil: uma e outra se equilibram, se corrigem e se revigoram; aprende-se a aliar *o poder do jovem* ao *saber do velho*.

Alcança-se uma verdadeira *ciência da vida*, para a qual sempre existe um imenso futuro pela frente, ainda que já esteja chegando a noite da morte. Porque, como disse um hino cristão, "enquanto a noite momentaneamente cega, está para renascer o dia mais alegre da terra. Já vem o dia, o teu dia, em que tudo voltará a florescer. Alegremo-nos também nós". Estas palavras trazem-nos à memória a serena figura de um ancião, apaixonado por Deus, que morre com um sorriso nos lábios, pleno de esperança juvenil, porque a sua vida se abre, com o esplendor de um nascer do sol, para a posse da felicidade eterna.

A vida de um homem que vive neste clima jamais para de crescer, até ao derradeiro instante. Cada hora, cada dia, cada ano, cada sofrimento, cada alegria têm um sentido de esperança: passam por ele não para desgastá-lo, mas para construí--lo definitivamente. A grande força do sentido da vida renovada, da esperança cristã sempre presente, da juventude perene, reside na consciência profunda e jubilosa de que a vida terrena é um prelúdio da vida eterna. Para quem se lança para a frente e corre no sentido da sua felicidade eterna, há sempre no horizonte um mais e mais e mais. E, no fim dos seus dias terrenos, esse homem poderá dizer como o velho Simeão, ao ter por fim nos braços o Salvador por quem ansiou a vida inteira: *"Agora, Senhor, já podes deixar partir em paz o teu servo"* (Lc 2, 29)... São palavras que abrem serenamente as portas da felicidade eterna.

Se a esperança é o módulo para medir a juventude, se ser jovem é ter muito futuro, um homem, no crepúsculo da sua vida — talvez já beirando os noventa anos — pode sentir-se como uma criança que tem pela frente um futuro inacabável, um futuro eterno... É belo que a Igreja denomine ao dia da morte *dies natalis*, o "dia do nascimento"...

Nem por muito sabido deixa de ser oportuno recordar um episódio da vida de São Josemaria Escrivá. Numa reunião familiar, cantávamos uma canção italiana que estava então na moda. E quando terminamos, o Padre disse sorrindo: — "Gostaria de morrer cantando essa música".

A letra dizia:

*Aprite le finestre al nuovo sole,
è primavera,
è primavera.*

*Lasciate entrare un poco d'aria pura
con il profumo dei giardini e i prati in
fior...*[9]

Como é serena a morte quando pode consistir nesse gesto leve de abrir as janelas da alma para o novo sol de uma eterna felicidade, para a brisa e o perfume de um amor sem fim...!

---

(9) Música de Franca Raimondi, vencedora do Festival de San Remo de 1956. A tradução das estrofes citadas é: "Abri as janelas ao novo sol,/ é primavera,/ é primavera.// Deixai entrar um pouco de ar puro/ com o perfume dos jardins e prados em flor...."

A MENTALIDADE JUVENIL: A JOVIALIDADE

A jovialidade

A juventude de espírito envolve muitas atitudes e posicionamentos na vida. Já falamos de algumas delas. Neste capítulo, gostaríamos de examinar alguns aspectos significativos das mesmas. Sentimos uma especial atração por uma qualidade que poderia ser o eixo em torno do qual giram outras muitas. Esta qualidade tem o expressivo nome de *jovialidade*.

Ser *jovial*, de acordo com o dicionário Aurélio, é tanto como ser alegre, ter bom humor, transmitir alegria e bom humor. Mas o próprio dicionário nos dá uma outra pista que pode aumentar o espectro do seu significado. Diz que, na sua raiz, jovial provém de *Júpiter*, o pai dos deuses romanos.

O seu genitivo, *jovis*, indicaria que o que há de mais alegre, de mais entusiasmante, de mais jovial, tem uma origem divina. Por sinal, também a palavra *entusiasmo*, que associamos à juventude, tem a mesma origem: *en* + *theoú* + *asthmá*, o "sopro de Deus em nós". O entusiasmo, a alegria vibrante, a jovialidade era, para a cultura greco-romana, algo tão grande, tão por cima do comportamento natural, que lhes parecia um reflexo do sobrenatural, uma faísca divina.

O entusiasmo, a alegria, o bom humor parecem ser o centro substantivo da jovialidade, ou, na linguagem filosófica clássica, o seu analogado principal. A bem dizer, a jovialidade não é uma qualidade especificamente classificada como tal, com entidade própria; representa antes como que um estado de ânimo, uma mentalidade que caracteriza a juventude. E tem muitos aspectos e uma grande variedade de brilho e fulgores, como um poliedro multicolor de diferentes facetas.

Tentemos montar aqui a estrutura deste poliedro, detendo-nos em algumas das suas faces mais significativas:

— saber sonhar sem medo;

— "topar as paradas" ou, em linguagem menos juvenil, saber aceitar desafios;

— ter a capacidade de recuperar-se rapidamente;

— cultivar uma mentalidade aberta; e

— viver sempre a alegria e o bom humor.

Não ter medo de sonhar

Saber sonhar é saber abrir-se ao mundo das esperanças. Quem não sonha — quem não espera, como vimos — não é jovem. Recordemos aqui o insistente refrão destas páginas: *O jovem vive de esperanças, ao passo que o velho perde a sua vida nas lembranças.*

Sonhar, como já sabemos, não significa forjar quimeras, ser utópico, evadir-se para o presente. As pessoas excessivamente emotivas, fantasiosas, imaturas, tendem a escapar da pesada realidade quotidiana nas asas de uma ilusão enganadora, como um D. Quixote. Não é esse o sonho a que nos referimos. Este fundamenta-se num projeto realizável, exequível, mas superior às rasteiras vulgaridades de um prosaico Sancho Pança. Um projeto que terá sem dúvida de ser construído passo a passo, com as pedras dos esforços diários, com abnegação e entrega, mas que recebe calor e coragem da capacidade de sonhar.

Neste sentido, pois, sonhar é uma verdadeira necessidade vital. Representa uma força aglutinadora que reúne num feixe os elementos afetivos, espirituais, culturais e profissionais, e lhes estabelece uma diretriz única, potencializando as energias. Não nos realizamos por parcelas, por setores, mas na totalidade do nosso ser.

Harmonizamos os diferentes aspectos da nossa vida: sabemos limitar o trabalho profissional em favor de uma maior presença ativa no lar; sabemos direcionar o nosso lazer em benefício de um enriquecimento cultural e de uma ajuda ao próximo necessitado; sabemos tirar uns minutos à nossa indolência para aplicá-los a uma leitura espiritual, que é como o pão para a alma, etc.

Há pessoas que têm medo de sonhar pelo receio de virem a decepcionar-se. Pensam que quem sonhar menos será menos infeliz em caso de fracasso. E por isso acabam por cortar as asas da juventude. "Sonha bem quem sonha pouco", dizem.

Esse pensamento derrotista é característico de uma "mentalidade decrépita". Há algum tempo, o psicanalista Contardo Calligaris escrevia:

> "O ano acaba. A mudança de data traz consigo uma esperança de renovação: é um momento em que pensamos nos nossos projetos — para o ano que vem e também em geral, para o futuro, a longo prazo.
>
> "É engraçado. Muitas vezes, acho que o futuro nos preocupa demais, a ponto de nos impedir de saborear o presente. Mas, por outro lado (e paradoxalmente), parece-me que os nossos projetos são quase sempre modestos, inibidos, sem ousadia, como se não

nos permitíssemos *sonhar* e correr atrás dos nossos *sonhos*.

"Os adolescentes, por exemplo, são constantemente convidados a sacrificar o seu presente e a preparar-se para as exigências do futuro («não saia, pare de vagabundear e sente-se para estudar»). Ao mesmo tempo, na maioria dos casos, o futuro com o qual sonham (e que deveria funcionar como seu pensamento dominante) é curiosamente razoável, «sossegado», mas mediano, se não medíocre. Mas não só os jovens parecem *sonhar* à surdina. A gente também. Por que será que, quando *sonhamos* e projetamos o futuro, somos facilmente medrosos?

"Em 2002, surpreendentemente, um psicólogo ganhou o prêmio Nobel de economia: Daniel Kahneman. [...] A teoria que o tornou famoso chama-se *Prospect Theory*, «teoria do prospecto», ou seja, teoria de como avaliamos as expectativas futuras no momento de decidir.

"A *Prospect Theory* mostra o seguinte: na hora de correr um risco ou de evitá-lo, a nossa decisão não é guiada apenas pela consideração das chances efetivas de sucesso ou fracasso; outros fatores menos «racionais» (em particular, o medo de perder) tornam-se determinantes.

"A conclusão a que os seus estudos chegam é esta: não é para ganhar, mas *para não perder*, que estamos dispostos a mais sacrifícios. *Para não perder*, estamos até prontos a correr o risco de perder mais ainda.

"Ora, a descoberta de Kahneman aplica-se fora do âmbito estritamente econômico: na hora de arriscar, o que fala mais alto é o *medo de perder*. Quando limitamos medrosamente os nossos sonhos, o que vale não é tanto a vontade de torná-los mais razoáveis e realizáveis, mas o medo de

> abandonar o conforto resignado do *status quo*.
>
> "Os psicanalistas dizem a mesma coisa, em termos apenas diferentes: não há desejo sem perdas, e quem não aceita perder impede-se de desejar"[1].

O medo de sonhar é, como vemos, um sinal claro de *senilidade psicológica*.

Se o grão de trigo não morrer, fica infecundo, mas, se morrer, dá muito fruto (Jo 12, 24). O semeador sofre ao perder o grão entre as irregularidades do sulco pardacento, mas entrega-se a esse trabalho com alegria porque arrisca sonhando nas espigas douradas do futuro trigal. Quem se abstém de semear pensando na seca, na geada, na proliferação do joio e das pragas, tem a mentalidade derrotista própria de um velho.

Como foram comoventes as palavras que João Paulo II, doente e cansado, já na

---

(1) Contardo Calligaris, *O fim do ano e o medo de perder*, em *Folha de São Paulo*, 29.12.2005, E10.

última etapa da sua vida, pronunciou em julho de 2002, perante mais de um milhão de jovens reunidos na Jornada Mundial da Juventude, em Toronto! Tinha chovido a noite inteira e o campo estava encharcado, mas não houve nenhum jovem que arredasse pé. Quando o Papa começou a falar, o sol apareceu entre as nuvens como um belo presságio daquela sua homilia otimista e jovial. Um arrepio de emoção tomou conta de todos:

> "Vós sois jovens e o Papa está velho e um pouco cansado. Mas ainda se identifica com as vossas expectativas e com as vossas esperanças. Se é bem verdade que vivi entre muitas trevas, sob duros regimes totalitários, já enxerguei o suficiente para convencer-me, de maneira inquebrantável, de que nenhuma dificuldade, nenhum medo é tão grande que possa sufocar completamente a esperança que palpita sempre nos corações dos jovens. Não deixeis morrer

essa esperança! Arriscai a vossa vida por ela! Não somos a soma das nossas fraquezas e dos nossos fracassos: pelo contrário, somos a soma do amor do Pai por nós e da nossa real capacidade de nos convertermos na imagem do seu Filho"[2].

Nós também, em qualquer idade, temos de convencer-nos de que nenhuma dificuldade, nenhum *medo de perder*, nenhum *medo de sofrer*, é tão grande que possa sufocar os nossos sonhos.

Já antes, no livro *Cruzando o limiar da esperança*, o Papa perguntava-se: "Por que não devemos ter medo?" E respondia: "Porque o ser humano foi redimido por Deus [...]. O poder da Cruz de Cristo e da sua Ressurreição é maior que todo o mal de que o homem poderia e deveria ter

---

[2] João Paulo II, *Homilia da Missa de encerramento da Jornada Mundial da Juventude em Toronto*, julho de 2002.

medo"[3]. Na fé cristã, o medo não é eliminado, mas transformado através do encontro pessoal e profundo com Cristo, com a sua Cruz e a sua Ressurreição.

"Topar as paradas": levar até o fim as decisões

A capacidade de sonhar complementa-se com a coragem de ousar, de arriscar.

Deus louvou Daniel por ser *vir desiderorum* (Dan 9, 23): um *homem de desejos*. Oxalá cada um de nós merecesse esse epíteto! Mas ter desejos é apenas o primeiro passo necessário para tomarmos a decisão — *"toparmos a parada"* — de empreender o caminho com o firme propósito de percorrê-lo até o fim — "ainda que me canse, ainda que não possa, ainda que arrebente, ainda que venha a morrer no caminho"[4].

---

(3) João Paulo II, *Cruzando o limiar da esperança*, Livraria Francisco Alves Ed., Rio de Janeiro, 1995, p. 202.

(4) Santa Teresa, *Caminho de perfeição*, 21, 2.

Ter espírito jovem implica não parar nunca, querer ir sempre mais longe, e mais e ainda mais longe. Pelo contrário, ser "velho de espírito" significa acomodar-se naquilo que já se atingiu, ser "conservador" no sentido pejorativo da palavra. Isto porque a abertura aos novos desafios representa um risco, simplesmente porque toda a decisão se faz sobre imponderáveis, porque implica sempre, até certo ponto, um "salto no escuro". É verdade que devemos agir com prudência, mas também é verdade que há prudências que são simples covardias.

Stephan Zweig, na sua conhecida biografia de Fernão de Magalhães, conta que, ao chegar ao estreito que mereceu ganhar o seu nome, não se dobrou às insistentes reclamações dos marinheiros que, diante das contínuas tempestades, da falta de víveres e material e do completo desconhecimento do que os esperava, queriam voltar para casa; com uma decisão inabalável, determinou: "Iremos em frente, ainda que tenhamos de comer o couro do mastro". E continuaram a viagem. Com efeito, tiveram de comer o couro do mastro, mas foram os primeiros a dar a volta ao mundo. Tiveram a coragem de arriscar, de *"topar a parada"*. E ganharam.

O historiador Carlyle dizia que "o primeiro dever do homem ainda é o de vencer o medo"! Nós acrescentaríamos que o segundo dever, depois de vencido o medo de sonhar, é o de *atirar-se à vida*! É preciso enfrentar a vida sem medo de errar. Se errarmos, retificaremos. Só não podemos retificar o que não existe, o nada. E é o nada que nos condena à inércia provocada pelo medo. Os insuperáveis quadros de Velázquez guardam no seu fundo — só descoberto pelos raios X — inúmeras tentativas frustradas ou esboços iniciais retificados.

Não há vida nenhuma que não esteja tecida de dilemas e conflitos que é preciso enfrentar continuamente e que exigem de nós que façamos uma opção. Ou nos acostumamos a tomar decisões ou nos converteremos em homens instáveis, de atitudes indefinidas. Em determinada conjuntura, apresentar-se-ão várias soluções igualmente razoáveis, nenhuma das quais, no entanto, é perfeita. Nessas circunstâncias, a única coisa que não podemos fazer é cair na perplexidade, ficar parados, indecisos, à espera de nos sentirmos bem dispostos ou preparados. Se ficarmos à espera do momento oportuno, o mais provável é que descubramos que nunca chegará. Esperando, esperando, "matando o tempo", perdendo as pequenas oportunidades concretas, acabamos por perder o bonde das grandes... E em vez de "matar o tempo", matamos a vida. Sim, de acordo, é preciso consultar pessoas prudentes e capazes, ponderar as coisas na presença de Deus... Mas depois é fundamental saber tomar decisões.

Um presidente americano, muito bem-sucedido, afirmava que uma decisão imperfeita levada à prática com determinação e garra dá mais resultado do que uma decisão perfeita, mas executada de modo titubeante ou medíocre. Neste sentido, a decisão vale mais do que a precisão. Acrescentava ainda esse presidente, para tirar o medo dos cronicamente hesitantes, que ele se dava por muito satisfeito por ter acertado em apenas 60% das suas decisões.

Se a coragem ajuda nas pequenas decisões, nas grandes é indispensável. Quantos grandes destinos deixaram de ser abraçados por covardia! As pessoas que têm medo das iniciativas, que vivem submersas em inibições, ansiedades, dúvidas e perplexidades, que titubeiam diante das decisões, perderam a marca de uma personalidade jovem.

Uma vocação de altura exige, sem dúvida, renúncia e sacrifício, mas traz consigo uma alegria e uma plenitude infinitamente maiores. Pois bem, os covardes não acolhem as altas responsabilidades porque tendem a reparar mais nas dificuldades do que nas alegrias; do ponto de vista cristão, estão mais empenhados em levar uma "vidinha fácil" do que em seguir uma vocação divina. Tornamos as coisas muito difíceis quando temos medo de assumi-las. Com a sobriedade e a precisão que o caracterizam, Sêneca sintetizou esta ideia numa sentença magistral, muito citada: *Multa non quia difficilia sunt non audemus, sed quia non audemos sunt difficilia*, "Não é que não ousemos muitas coisas por serem difíceis; são difíceis porque não as ousamos"[5].

Quando nos abrimos aos grandes destinos, a esperança corajosa aumenta as forças, catalisa a capacidade, revitaliza o ânimo, fortalece o espírito de luta e termina, assim, por criar condições favoráveis ao bom resultado do empreendimento. O que parecia difícil torna-se acessível — depois de uma animosa resolução. Os destemidos, escreve Virgílio na *Eneida*, "podem porque veem que podem"[6]. A virtude da valentia faz-nos ver que podemos, e essa persuasão dá-nos forças para podermos efetivamente. O covarde está derrotado antes de começar a batalha da vida; o valente já tem, antes do combate, metade da vitória nas mãos.

William Bennett expressa uma parte desta verdade quando diz que "a autêntica

---

(5) Sêneca, *Epist.* 104, 26.
(6) Virgílio, *Eneida*, 5, 231.

covardia está selada pelo ceticismo crônico que, diante de qualquer empreendimento, diz: «Não é possível». Perde o que há de melhor aquele que diz: «Não é possível». O mundo dormiria se fosse dirigido por homens que dizem: «Não é possível»".

Li não sei exatamente onde uma história que me pareceu muito significativa. Dois meninos patinavam num lago gelado. De repente, a crosta fendeu-se, um deles caiu no buraco aberto e foi carregado para baixo do gelo sólido. O outro, vendo que o amigo se estava afogando, buscou rapidamente uma pedra na margem e começou a golpear a superfície com todas as forças, até conseguir quebrar o gelo e salvar o amigo.

Quando os bombeiros chegaram e viram o que havia acontecido, perguntaram ao menino:

— Como você conseguiu fazer isso? É impossível que você tenha quebrado o gelo com essas suas mãos tão pequenas!

Nesse instante, apareceu um ancião e disse:

— Eu sei como conseguiu!

Perguntaram-lhe:

— Como foi?

O ancião respondeu:

— Não havia ninguém por perto para dizer-lhe que era impossível...

Quanta força dá acreditar com firmeza nas possibilidades que abrem as nossas determinações quando estas concordam com a vontade de Deus! Nós, nas ocasiões em que nos sentimos chamados por Deus a tomar uma decisão, também poderemos responder com a mesma convicção com que o fizeram Tiago e João: *Podemos!* Com a graça de Deus, *podemos!* Quem sabe que Deus sempre está ao seu lado e quer fazer, como Cristo, o que é do agrado do Pai (cf. Jo 6, 38), poderá dizer com São Paulo: *Tudo posso nAquele que me dá forças* (Fl 4, 13).

Entre os muitos episódios históricos que mostram a importância de uma decisão corajosa, pode-se destacar a memorável batalha de Lepanto. À medida que avançava o século XVI, o poder turco e a sua agressividade iam aumentando de dia para dia, pondo em perigo a própria subsistência da Igreja. Formou-se então a chamada *Liga Santa* para juntar forças a fim de combater o poderosíssimo contingente turco. No mar, os turcos contavam com três frotas de grande poder ofensivo, que aguardavam no golfo de Lepanto o momento oportuno para iniciar o ataque.

Reunidos em conselho, os experientes almirantes da Liga, Dória, Colonna e Veniero, consideraram que o momento era desaconselhável para tomarem eles a iniciativa: o inimigo contava com o dobro de forças, tinha as suas frotas protegidas pelo golfo, e o vento e as condições atmosféricas eram-lhe favoráveis... João de Áustria — o comandante-em-chefe da Liga —, que tinha menos de trinta anos de idade, tomou no entanto uma decisão peremptória, contrária ao conselho recebido: determinou que a esquadra partisse imediatamente. Quando os vigias divisaram a frota muçulmana, ficaram apavorados: o golfo estava repleto de navios, e milhares de janízaros — combatentes aguerridos e experientes — estavam a postos para a batalha... Diante desse panorama assustador, que fez João de Áustria? Sem duvidar um só momento, ordenou o ataque imediato.

O dia 7 de outubro de 1571, escolhido para o ataque, era um domingo, e celebrou-se a Santa Missa em cada um dos navios. Hastearam nos mastros mais altos um crucifixo e, rezando o rosário — numa mão a espada e na outra o terço —, aproximaram-se das frotas turcas. D. João de Áustria mandou erguer a bandeira azul da Liga e, após disparar o tiro de canhão convencional, sinal do início do combate, levantou a voz que pareceu um grito de guerra: "Acabou o tempo de deliberar. Começou o tempo de combater". Os presentes — como depois declararam — sentiram um arrepio, como uma injeção de coragem. Todos sabiam o que isso significava, escreve Louis de Wohl: era "o fim de uma longuíssima espera e, ainda que pareça estranho, o fim do medo. Porque é condição do homem sentir mais medo diante do perigo pressentido do que diante do perigo real"[7].

Sem a menor hesitação, embora contasse um número bem inferior de soldados, o comandante-em-chefe abordou pessoalmente a nau-capitânia em que tremulava a bandeira do Profeta, conquistou-a e matou o almirante. A partir daquele momento, os muçulmanos iniciaram uma fuga incontrolável. A vitória foi estrondosa: cento e noventa navios turcos foram destruídos ou capturados, ao passo que os cristãos perderam apenas doze.

Eram as duas da tarde do dia 7 de outubro. Naquela hora exata, o Papa, São Pio V, interrompeu inesperadamente o seu trabalho e, abrindo a janela, entrou em êxtase; passado algum tempo, disse aos presentes: "Temos de agradecer a Deus pela nossa vitória sobre os turcos". Entrou na capela, rezou o Santo Rosário e a ladainha lauretana e — ante a emoção

---

(7) Louis de Wohl, *El ultimo cruzado. La vida de D. Juan de Áustria*, 5ª ed., Palabra, Madrid, 1997, p. 434.

de todos — acrescentou-lhe uma nova invocação: *Auxilium christianorum*, "Auxílio dos cristãos". A partir dessa data, o mundo cristão viu-se livre do perigo turco. Por isso, determinou-se que precisamente no dia 7 de outubro se celebraria a festa de Nossa Senhora do Rosário.

A vitória de Lepanto foi consequência de uma decisão audaciosa, fundamentada numa fé viva e operativa. A história humana e a História da Igreja estão pavimentadas dessas *decisões decisivas*. "O que é preciso fazer-se, faz-se... Sem hesitar... Sem contemplações... Sem isso, nem [...] Teresa de Ahumada teria sido Santa Teresa..., nem Iñigo de Loyola, Santo Inácio"[8].

Ajuda muito criar o hábito de encarar os problemas de forma direta, de "pegar o touro à unha". Numa reunião importante, ao sentirmos a inibição natural de estar rodeados de gente desconhecida, o melhor é irmos direto cumprimentar a autoridade máxima, pois a partir desse

---

(8) Cf. São Josemaria Escrivá, *Caminho*, n. 11.

momento perdemos o receio de cumprimentar os outros participantes. Diante do temor de enfrentar um concurso difícil, o melhor é comprometermo-nos sem demoras, fazendo logo a inscrição. Se sentimos o receio de sofrer de algum tipo de doença grave — sentimento que nos deixa inseguros e apreensivos —, temos de ir ao médico sem demora. Ao começarmos cada dia o nosso trabalho, devemos iniciá-lo pela tarefa mais importante e pesada. E assim por diante...

Isto aplica-se de modo particular ao campo da luta interior. Em face do espectro das nossas muitas fraquezas, quando a sua multiplicidade nos traz um sentimento de impotência e resignação, sem sabermos o que fazer, o remédio é atacarmos valentemente o nosso defeito dominante. Seguindo o exemplo de João de Áustria, impõe-se atacar a *nau-capitânia*, assimilando aquele conselho da Sagrada Escritura que é garantia de vitória: *Não ataques o grande ou o pequeno; ataca o rei de Israel* (1 Rs 22, 31). Vencido o rei, desmoralizam-se os subordinados.

Vencida a principal fonte das nossas deficiências, temos já conseguida uma grande parcela da vitória. Atacando o ponto central, os secundários irão caindo como consequência.

Esse ponto central está sempre, clara ou veladamente, na raiz de todas as demais fraquezas da nossa conduta. E não é necessário fazermos uma averiguação complicada para identificá-lo. De um modo direto ou derivado, encontra-se em algum dos assim chamados *vícios ou pecados capitais*: soberba, avareza, inveja, ira, impureza, gula, preguiça ou acídia[9]. E estes combatem-se, como já dizia o catecismo para a Primeira Comunhão, com as virtudes opostas: contra a soberba, humildade; contra a avareza, liberalidade; contra a impureza, castidade; contra a ira, paciência; contra a gula, temperança; contra a inveja, caridade; contra a preguiça, diligência. É nesta luta bem centrada, bem definida quanto aos meios e ocasiões

---

[9] *Compêndio do Catecismo da Igreja Católica*, n. 398.

de vencer, que devemos empenhar-nos com todo o ímpeto de um coração jovem, que ainda não esqueceu que *vale a pena* correr todos os riscos.

A capacidade de *topar paradas* é especialmente necessária quando nos põe diante da maior decisão de todas: a de nos comprometermos a seguir por toda a vida um ideal divino, uma vocação de radical entrega ao serviço de Deus. É aqui que essa capacidade alcança o *patamar da excelência*. É o maior lance de audácia que se pode pedir ao homem: *Tu, vem e segue-me!* (cf. Jo 21, 22).

É aqui que se vê bem que ao maior risco que se pode apresentar ao ser humano — o de deixar tudo para seguir o Senhor — corresponde precisamente uma vida em que não há risco nenhum. Porque, se os ideais humanos podem fracassar, o ideal do seguimento de Cristo jamais fracassa: Deus não perde batalhas, jamais desilude. Em nenhum projeto humano pode haver maior garantia de êxito, porque é Deus quem o assegura. A isto se refere Santa Teresa quando escreve: "Vem-me um desejo tão impetuoso de servir e amar a Deus, que quereria gritar a todos *quanto importa não contentar-se com pouco*"[10].

E acrescenta num veemente apelo: "Convém muito não amesquinhar os desejos, antes esperar em Deus que, se pouco a pouco nos esforçarmos, poderemos atingir o cume a que muitos santos chegaram. Se estes nunca se tivessem determinado a realizar esses desejos, não teriam subido a tão alto estado. Sua Majestade [Deus] quer almas animosas e é amigo delas, contanto que andem em humildade. Nunca vi alguma dessas almas perecer neste caminho; nem também nenhuma alma covarde, sob pretexto de humildade, andar em muitos anos tanto quanto os outros em muito pouco"[11]. "O Senhor jamais abandona os que O amam, quando se aventuram e se arriscam só por Ele"[12].

---

(10) Santa Teresa, *Livro da vida*, cap. XII.

(11) *Ibid*.

(12) Santa Teresa, *Pensamentos*, cap. VII.

Essa aventura não se apresenta apenas nos anos moços. Em qualquer idade da vida, Deus pode pedir a ruptura total com velhos hábitos, às vezes bons, mas medíocres, com um teor de vida cristã acomodada, que se compatibiliza com egoísmos. Quantas vezes a graça de Deus bate à porta de um homem ou mulher de quarenta, cinquenta ou mais anos, e lhe pede que passe a tomar a sério, radicalmente, todas as consequências da sua vocação cristã! Quantos casos como o de Nicodemos, que, de ossos já um pouco endurecidos, ouve de Jesus que tem de voltar a nascer! A esse homem ou mulher, abre-se então a perspectiva de assumir um novo espírito com o entusiasmo de um jovem! E se tiver prontidão e arranque na correspondência a esse apelo, ver-se-á incitado a merecer as palavras do Salmo 18: *Exultat ut gigas ad currendam viam* (Sal 1, 56): "encher-se-á de alegria e levantar-se-á como um gigante para percorrer velozmente o seu caminho". Quanto menos tempo de vida tenha já pela frente, mais correrá.

Elasticidade: capacidade de recuperação

Falando de um ponto de vista físico, poderíamos dizer que, quanto mais jovem é uma pessoa, maior é a sua elasticidade e capacidade de recuperação. É admirável ver uma criança ou um menininho caírem e levantarem-se imediatamente: parecem de borracha. Não acontece o mesmo com uma pessoa de idade. Se cai, é um milagre que não se machuque — "Quebrou algum osso?", perguntam-lhe inquietos — e levanta-se mancando... Talvez tenha de passar um tempo descansando até recuperar-se.

Esta realidade física, podemos transpô-la para o campo do comportamento, anímico, profissional ou espiritual. O coeficiente de recuperação é um bom termômetro para medirmos a nossa juventude de espírito.

Um dos sinais mais claros disso é a prontidão em *recomeçar* depois de um erro, de uma conduta desacertada ou uma reação infeliz, de um pecado... O "velho de espírito" fica "remoendo" os seus erros, "não se conforma" com eles: "Como fui *eu* — precisamente *eu* — fazer uma coisa dessas?", pergunta-se. O orgulho ferido demora a recuperar-se. Presta uma atenção doentia à sua ferida. Apalpa uma e outra vez o lugar em que se machucou. Lamenta-se sem parar.

O "jovem de espírito", em contrapartida, reconhece a sua vulnerabilidade e não tarda a recuperar-se com a elasticidade de um boneco de borracha. Uma musiquinha brasileira dos anos 60, descontraída e alegre, cantada com muita graça por Jair Rodrigues, dizia: "Um homem de moral não fica no chão, / reconhece a queda e não desanima. / Levanta, sacode a poeira e dá a volta por cima!" É todo um programa para avaliarmos o nosso potencial de recuperação e testarmos a nossa elasticidade.

Não fica no chão: não caiamos na lamúria, fruto do vitimismo e da autopiedade, que apenas nos convidam a desistir. *Reconhece a queda*: as justificativas e as desculpas condenam-nos a permanecer no erro. *Levanta-se*: tal como o cego de Jericó quando lhe dizem *"Levanta-te, porque é o Senhor que te chama"* (cf. Mc 10, 49), devemos erguer-nos de um pulo, deixando para trás tudo o que nos prende. *Sacode a poeira*, isto é, limpemo-nos por meio de um ato de contrição e uma boa confissão. E *dá a volta por cima*: Vamos em frente!, porque há muito chão que percorrer, muita coisa grande que realizar. Repitamos, como um lema, aquele sábio aforismo do prêmio Nobel de literatura, Rabindranath Tagore: "Que as lágrimas por teres perdido o sol não te impeçam de ver as estrelas".

Guimarães Rosa enriquece esta ideia permeando-a com o seu estilo original e criativo de sabor sertanejo: "Todo o caminho da gente é resvalado. Mas também cair não prejudica demais — a gente levanta, a gente sobe, a gente volta. Deus resvala?"[13]

Que grande *sabedoria* traz consigo aprender a lição dos próprios erros! Uma sabedoria que nos permite encarar o

---

(13) Guimarães Rosa, *Grande Sertão: veredas*, Livraria José Olympio Editora, Rio de Janeiro, 1982, p. 296.

futuro com maior segurança. Já o dizíamos antes: aprendamos aos quarenta anos como viver melhor os próximos quarenta. Quando se chega à metade da vida e se começam a alinhar os erros e os fracassos passados de forma negativa, parece que essa lembrança "engessa" a nossa capacidade de percorrer com agilidade e entusiasmo a outra metade.

Que grande dose de pedagogia cristã encerram estas palavras de São Josemaria Escrivá: "Converte-te agora, enquanto ainda te sentes jovem... Como é difícil retificar quando a alma envelhece"[14]. Quando a alma envelhece, é muito difícil a recuperação; quando a alma rejuvenesce, recomeçando — em qualquer estágio da vida —, pode-se permanecer jovem em todas as idades.

Há na espiritualidade cristã, um posicionamento peculiar que se tornou muito conhecido através da vida de Santa Teresa do Menino Jesus: *a infância espiritual*.

---

(14) São Josemaria Escrivá, *Sulco*, 2ª ed., Quadrante, São Paulo, 2005, n. 170.

Consiste em considerar-se como um menino diante do nosso Pai-Deus. O menino caminha com a força das suas pernas até onde pode, mas solicita a ajuda do pai naquilo em que não pode, e confia no poder de quem lhe deu a vida.

Recordemos essa verdade tão simples e tão paternal: *se queremos entrar no Reino dos céus, temos que tornar-nos crianças* (cf. Mc 10, 14-15). As crianças precisam continuamente de ajuda; têm a transparência de reconhecer a sua fraqueza. Por isso, se nos fizermos como *as crianças*, não nos deprimiremos diante das nossas limitações, falhas, erros e pecados, mas saberemos recuperar-nos rapidamente.

Há, sem dúvida, uma tristeza filial e benéfica que parte da dor que um filho sente depois de ter magoado um Pai tão bom como é Deus: é uma "dor de amor"[15]. Mas há uma outra tristeza nefasta, que brota do orgulho ferido perante a fraqueza própria: essa tristeza gera a amargura

---

(15) Cf. São Josemaria Escrivá, *Caminho*, n. 436.

e o desânimo próprios dos velhos de espírito. Quem vive a *infância espiritual* nunca se entristece dessa forma e sempre rejuvenesce espiritualmente.

A tristeza que é segundo Deus, afirma São Paulo, *produz um arrependimento salutar* [...], *ao passo que a tristeza do mundo produz a morte* (2 Cor 7, 10). São Francisco de Sales — que é nesta matéria um verdadeiro "mestre" — comenta a respeito: "A tristeza pode, pois, ser boa ou má, conforme os efeitos que produza em nós. Mas, em geral, produz mais efeitos maus que bons, porque os bons são apenas dois: a misericórdia — o pesar pelo mal dos outros — e a penitência — a dor de ter ofendido a Deus —, ao passo que os maus são seis: medo, preguiça, indignação, ciúme, inveja e impaciência. Por isso, diz o Sábio: *A tristeza mata a muitos e não há utilidade nela* (Ecl 30, 25), já que, para dois regatos de águas límpidas que nascem do manancial da tristeza, nascem seis de águas poluídas"[16].

---

(16) São Francisco de Sales, *Introdução à vida devota*, IV, n. 12.

A *tristeza má* provém desse orgulho que, no nosso mundo cultural pós-moderno, se alimenta do desejo imperioso de sucesso. Karen Horney fala a este propósito de um *afã neurótico de autoafirmação*[17]. É a necessidade doentia de não sentir-se diminuído, de preservar a qualquer preço a autoestima e o louvor alheio, de salvar a "imagem". Isso leva a que, perante os erros e fracassos, a pessoa caia nessa tristeza má que a impede de *aceitar-se a si mesma* e de, com a aceitação das suas limitações, erros e pecados, reencontrar a base sólida para refazer-se. Isso explica que o grande mal dos nossos tempos sejam as depressões.

A *tristeza segundo Deus*, pelo contrário, nunca se traduz numa dor mal-humorada, cheia de despeito. É sempre calma, como todo o sentimento inspirado pelo bom Espírito: *o Senhor não está na perturbação* (3 Re 19, 11). Onde principiam a inquietação e a perturbação, a tristeza má passa

---

[17] Cf. Karen Horney, *La personalidad neurótica de nuestro tiempo*, Editora Paidos, México, 1992, p. 155.

a ocupar o lugar da tristeza boa. Passa-se então a andar com passo cansado, numa inércia quase sem remédio, com um descontentamento de si e quase do próprio Deus: perde-se a confiança na oração e foge-se dos sacramentos que restituem e fortalecem o gosto de viver.

A disposição básica que considera o desânimo como o pior inimigo do progresso espiritual e a mais frontal negação da confiança que inspira a filiação divina, leva a um posicionamento fundamental: a elasticidade de saber *começar e recomeçar* muitas vezes ao longo da vida. É o que nos continua a ensinar São Francisco de Sales: "Quando caíres, levanta-te com uma grande serenidade, humilhando-te profundamente diante de Deus e confessando-lhe a tua miséria, mas sem te admirares da tua queda. Pois que há de extraordinário em que a enfermidade seja enferma, e a fraqueza fraca, e a miséria miserável? Detesta, sim, com todas as tuas forças, a ofensa que fizeste a Deus, e depois, com uma grande coragem e confiança na sua misericórdia, volta a empreender o caminho da virtude que havias abandonado"[18].

Um homem santo, ao contemplar os seus cinquenta anos de sacerdócio, confidenciava, com essa suave maturidade que dá a experiência da vida e o amor de Deus: "Passados cinquenta anos, sinto-me como uma criança que balbucia: estou começando, recomeçando, como na minha luta interior de cada jornada. E assim até o fim dos dias que me restem: sempre recomeçando. O Senhor assim o quer, para que em nenhum de nós haja motivos de soberba nem de néscia vaidade"[19].

Quantas lutas, quantas tentativas frustradas, quantos renovados esforços, integram a vida dos amigos de Deus! Uma das coisas que veremos no céu será precisamente que a vida dos santos não se poderá representar por uma linha reta sempre em elevação, uniformemente acelerada,

---

(18) São Francisco de Sales, *Introdução à vida devota*, III, 9.

(19) Salvador Bernal, *Perfil do Fundador do Opus Dei*, Quadrante, São Paulo, 1978, p. 416.

mas por uma curva sinuosa, ascendente e descendente, feita de urgências animosas e lentidões, subidas e descidas... e recomeços vigorosos.

A paz e a confiança que nos traz a vivência da infância espiritual permitem-nos adquirir essa *elasticidade* anímica, capaz de recuperar-nos com facilidade das nossas quedas. Se aprendermos a ser espiritualmente crianças, poderemos manter com facilidade essa juventude de quem das experiências negativas tira impulso.

O que acabamos de dizer a propósito dos erros cometidos, poderíamos também aplicá-lo a outras situações diversas, como a doença ou as condições materiais desfavoráveis.

Para os que têm mentalidade caduca, há por vezes circunstâncias que os levam a afundar-se, ao passo que, para os que têm espírito juvenil, são um estímulo e um verdadeiro desafio. Neles brotou, não se sabe de que fontes ocultas, uma forte determinação de se superarem a si próprios. Franklin Roosevelt, que andava de cadeira de rodas, não se sentia inferiorizado por ter essa grave limitação física. Milton, o insigne autor inglês do "Paraíso Perdido", atingiu depois de ficar cego uma profundidade de pensamento e uma paz que o tornaram grandioso. Beethoven compôs a sua Nona Sinfonia quando já estava completamente surdo. Foram homens que viviam em outro nível, que respiravam uma atmosfera mais alta. Num outro grau mais eminente, poderíamos imaginar um São Paulo cheio de complexos por ter um aspecto físico mirrado e fala difícil? Um São Pedro, por ser "apenas" um rude pescador da Galileia?

Quando vivemos impregnados da convicção de que fomos criados pelo nosso Pai-Deus para a felicidade eterna e que esse Pai onipotente e amorosíssimo deseja a nossa felicidade mais do que nós mesmos, então convencemo-nos de que, *para os que amam a Deus, tudo contribui para o seu bem* (Rom 8, 28). Tudo, até as próprias quedas e reveses, insistimos, porque essa forma de cair e levantar-se imediatamente cria o hábito da recuperação quase instintiva, como fazem as crianças e os bons esportistas: é a *elasticidade* que tipifica a juventude.

Mentalidade aberta

A pessoa animicamente velha apresenta uma espécie de *esclerose mental* que fecha os horizontes intelectuais e afetivos. Parece que só entende e sente o que está de acordo com a sua limitada mentalidade ou faz parte do pequeno mundo dos seus gostos e afeições, preferências e ideias. Tem tendência a considerar bom apenas aquilo que está integrado nos seus costumes pessoais e nas suas tradições familiares. Não tem amplidão de horizontes.

É muito triste ver a figura de um idoso curvado sobre si mesmo, que só se interessa por aquilo que o rodeia, que está voltado para as suas lembranças. Parece que as suas ideias cristalizaram em formas já predeterminadas, fechadas dentro dos limites das suas experiências, talvez dos seus preconceitos ou recalques. Reiterativo, teimoso, marcando passo sempre no mesmo terreno... Uma figura diametralmente aposta ao jovem que tende a desbravar novos espaços com a sua imaginação, que está com a mente aberta a ideias e projetos originais, que sente o desafio da vida como uma aventura...

Estas duas atitudes tão diferentes encontram a sua constatação e divergência em diferentes dimensões temporais, espaciais e culturais.

Em relação à *dimensão temporal*, a mentalidade do velho fica obturada por uma espécie de incapacidade para avaliar positivamente as coisas que não pertencem "à sua época". Há nesse sentido personalidades que só estimam, de forma unilateral, aquilo que já foi consagrado pela passagem do tempo. Mentalidades *conservadoras* que relutam em aceitar tudo o que é novo *apenas porque é novo*, em matéria de ideias, modas, hábitos e técnicas. Em sentido oposto, e indicador de uma mentalidade não menos cerrada, há gente que só dá valor ao que é "moderno" e "inovador", e considera tudo o que é antigo como "ultrapassado" e "decadente".

A verdadeira abertura é receptiva aos valores de qualquer época. Não está limitada ou presa a um determinado tempo, mas é aquilatada pela qualidade que as coisas e as ideias têm em si mesmas, pouco importando que se tenham originado no terceiro milênio ou no mundo greco-romano, medieval ou renascentista. Um amigo meu, engenheiro de São José dos Campos, contou-me que tem por lema *"open mind!"*, "mentalidade aberta!"

Poderíamos dizer algo parecido da *dimensão geográfica e cultural*. Revela uma mentalidade acanhada pensar na base de binômios disjuntivos, supostamente contrapostos, conservador *versus* progressista, cristão *versus* maometano, socialista *versus* capitalista, esquerda *versus* direita, "justo" *versus* "pecador"... Como se a complexidade do ser humano pudesse ser engavetada nessa bipolaridade reducionista! Os rótulos e as barreiras só existem em cabeças "quadradas", tomadas por uma senilidade mental precoce...

A visão unilateral induz frequentemente a diagnósticos errados. Uma tigela, de um ponto de vista, é côncava; de outro, é convexa. É absurdo discutir se tem uma forma ou a contrária, porque na realidade é côncava e convexa ao mesmo tempo. É preciso ter um olhar abrangente, global, que capte o conjunto, para evitar a visão míope e estreita.

A *mentalidade aberta* é semelhante à *mentalidade de altura*, e muitas vezes nasce dela. Para medir a verdadeira dimensão de uma determinada realidade, é preciso distância temporal e espacial. Hoje podemos avaliar com perspectiva mais matizada fenômenos como a Idade Média, o Iluminismo, a ascensão e queda do comunismo, do que podiam fazê-lo os seus contemporâneos. Da mesma forma, só poderemos estimar objetivamente o que representa o nosso quintal no conjunto da cidade se o sobrevoarmos num avião ou num helicóptero.

Mas mentalidade aberta não significa cair num relativismo para quem o preto e o branco são iguais. Infelizmente, esse parece ser o engano dos nossos contemporâneos, pois vivemos num mundo aparentemente desembaraçado, irrestrito, amplo, em que parece haver liberdade para tudo. No entanto, é curioso observar como o relativismo, que parece tão amigo da liberdade, produz o seu contrário, como já dizia o lema da revolução estudantil de 1968: *"É proibido proibir"*.

Se reparamos bem, deparamo-nos com centenas de cercas e até muralhas econômicas, sociais e intelectuais; verdadeiras bitolas mentais e afetivas; autênticos "currais" políticos, religiosos e ideológicos. Na França liberal, aceita-se um absoluto permissivismo nos costumes e nas escolas e ao mesmo tempo proíbem-se as meninas muçulmanas de usarem um simples véu em sala de aula em nome da "laicidade" do Estado. A televisão pode passar novelas que exaltam a imoralidade em todos os âmbitos e em todas as suas formas, mas se alguns cristãos vivem a castidade, jejuam ou fazem penitência, ergue-se a grita: são "medievais", "masoquistas", "obscurantistas". Será isso uma afirmação de coerência ou antes uma consagração da hipocrisia?

Estamos, sem dúvida, imersos numa *era dos fanatismos* muito pior do que a mais bárbara época medieval. Um Richard Dawkins, por exemplo, faz o seu proselitismo ateu, repetindo os mesmos argumentos rançosos rejeitados há séculos com uma exaltação cerril que se assemelha de maneira extremamente suspeita à dos homens-bomba da Al-Qaeda. A este respeito, aliás, escreve Madeleine Buting, colunista do *The Guardian*, intelectualmente independente, umas linhas que não resisto a citar:

> "Algo está deixando esses «humanistas» ateus muito nervosos, com um inequívoco cheiro de pânico: a possibilidade de que a religião esteja crescendo novamente. Pensam que nesta altura da história todos deveríamos ser racionalistas ateus e não o somos. O ateísmo deveria ser uma parte inseparável do progresso. Mas uma suspeita os angustia: o ateísmo fracassou. Este é o único contexto

capaz de explicar a posição agressiva de Dawkins, indigna de um grande cientista. Isto representa uma falta de abertura para outras formas de explicar a existência do mundo. E demonstra uma terrível pobreza intelectual"[20].

Ian Buruma, articulista do *New York Times*, refere-se a outras manifestações dos fundamentalismos ateus do nosso tempo: "Alguns intelectuais judeus ortodoxos de Nova York trocaram Deus por Lênin e Trotsky. Certos líderes como Mao-tse-tung e Stalin criaram deliberadamente cultos quase religiosos em torno das suas pessoas. E, em sentido contrário, René Ruitemberg, um famoso patinador de maratona holandês que se converteu ao cristianismo, foi completamente ignorado pela imprensa. Ele manifestou publicamente que, depois da sua conversão, sentiu como se uma mochila cheia de

---

[20] Madeleine Bunting, *Os três pecados do biólogo ateu*, em *O Estado de São Paulo*, 15.01.2006, p. A5.

pedras tivesse caído dos seus ombros: «A fé libertou-me». Mas essas declarações não foram divulgadas pelos meios sociais de comunicação, indubitavelmente por causa de preconceitos antirreligiosos"[21].

Diante dessa pseudoliberdade sem restrições (mas apenas em alguns campos), da pseudotolerância que nos é oferecida oficialmente (mas apenas para alguns grupos e comportamentos), não admira que Allan Bloom fale precisamente do *closing of the modern mind*, do fechamento progressivo da mentalidade moderna[22].

Não há dúvida de que hoje em dia abundam os preconceitos para com as realidades religiosas, por mais que se escondam sob a grita da "liberdade de opinião". É preciso ter coragem para desmascarar o rosto de tantas inverdades

---

(21) Ian Buruma, cit. em *O Estado de São Paulo*, 15.01.2006, p. A5.

(22) Allan Bloom, *Closing of the American Mind*, Simon & Schuster, New York, 1987; cf. a tradução brasileira de João Alves dos Santos, *O declínio da cultura ocidental*, Ed. Best-seller, São Paulo, 1989, p. 347.

e de olhar a realidade cara a cara, com mentalidade aberta, sem nunca ter medo da verdade. Ser jovem é precisamente ter essa abertura, essa *"open mind"* para tudo o que é belo e perfeito. Não engessemos a nossa liberdade com blocos de falsos mandamentos e dogmas.

Às vezes, no nosso mundo cultural parece que tudo tem que ser resolvido às pressas, sem escutar pacientemente as razões do nosso interlocutor, auscultar a fundo o seu coração. Depois das milhares de confidências que recebi nos meus quase cinquenta anos de sacerdócio, posso enfatizar, com fundamento, a importância capital que tem uma *atitude receptiva*, fruto da abertura de horizontes. Muitos problemas solucionam-se quando simplesmente se transmitem com sinceridade e se escutam com a maior compreensão.

A primeira coisa que o respeito pela dignidade da outra pessoa exige é que saibamos *prestar atenção*. A própria palavra *respeito*, por sinal, já provém da raiz latina *respicere*, que significa simplesmente "olhar". Saber *olhar*, saber prestar atenção, é valorizar o interlocutor, ajudando-o a abrir-se, a comunicar a sua intimidade, a penetrar nos meandros da sua infância e da sua juventude, a conhecer o contexto familiar e cultural, a descobrir os projetos da sua vida, as motivações que o impulsionam, as tristezas que o deprimem... Falar de coração a coração é o segredo de um bom entendimento.

Não nos fechemos fazendo diagnósticos apressados e inalteráveis: "É egoísta, autossuficiente, vaidoso, só quer aparecer, hipersensível... ou ciumento, invejoso, crítico, ignorante, pretensioso, devasso, bebe demais"... Rotulamos com excessiva facilidade as pessoas. E isso é sintoma de falta de profundidade, de estreiteza mental, porque não vamos à procura das causas: "Por que essa pessoa é assim? Que sofrimento íntimo a leva a agir desta ou daquela forma? Por que se sente tão inferiorizada? Por que tem tal defeito ou tal outro vício...?"

Lembremo-nos de Zaqueu. Era desprezado por ser cobrador de impostos, e mais ainda por ser corrupto. Só experimentava rejeição, só recebia epítetos pejorativos... É provável que isso o levasse a trancar-se em si e a vingar-se abusando do seu poder, numa escalada de desafeto mútuo entre ele e os seus concidadãos, num círculo vicioso de animadversão... Até que um dia Jesus, olhando carinhosamente para ele, lhe disse: *"Zaqueu, quero hoje jantar na tua casa"* (cf. Lc 19, 5). Aquela palavra rompeu o círculo vicioso, atingiu o publicano no fundo do seu coração, chegou até esse reduto secreto onde sempre se conserva o que há de mais nobre no ser humano. Foi como a escada que o resgatou do poço psicológico onde se tinha afundado.

Mentalidade aberta para compreender os defeitos dos outros, as suas limitações, as diferenças culturais, a diversidade de raças e civilizações... Para ultrapassar os preconceitos, respeitar a liberdade dos outros... Para abrir os canais de comunicação, interligar os corações... Para amar todas as pessoas como elas são e não como gostaríamos que fossem...

Essa abertura, se bem entendida, é uma característica peculiar do *catolicismo*. *Católico* provêm da raiz grega *katholikós*, que significa "universal". O dicionário Aurélio define *catolicidade* como "qualidade da Igreja Católica Apostólica Romana de não se identificar com grupos nacionais, étnicos, sociais, etc.", de não se encastelar em redutos, feudos, castas, grupos, "panelinhas"... Para ser católico de verdade, é necessário ter uma *compreensão universal*, uma *mentalidade aberta* a todos os valores humanos e espirituais bons, porque todos cabem dentro da identidade da Igreja.

A Igreja é uma imensa família que abrange não apenas os cinco continentes, mas também uma vastíssima variedade de culturas, de comportamentos e de modos específicos de viver o Evangelho: há os sacerdotes e os leigos; os que vivem no meio do mundo e os que se retiram dele, inserindo-se em uma das variadíssimas ordens ou congregações religiosas; os que se santificam no matrimônio e os leigos que vivem uma entrega completa no celibato apostólico; os que se engajam em pastorais e grupos paroquiais, ou se integram em movimentos, associações ou entidades extra-paroquiais aprovadas pela Igreja...

A Igreja Católica executa uma grandiosa sinfonia de magnífica riqueza por meio dessa surpreendente variedade de instrumentos. Assim como cada instrumento tem numa orquestra uma função diversa, mas todos se entrelaçam na interpretação harmônica da mesma partitura dirigida por um único maestro, assim na Igreja o trabalho de cada um dos seus membros se integra harmonicamente na execução da música total. Todos os instrumentos, todos os músicos, todas as vocações são necessárias: cada uma cumpre a sua função.

É preciso compreender, admirar e amar todas essas variadíssimas maneiras de viver o cristianismo. Teria uma visão de "toupeira" quem achasse que só é válido o seu modo de viver a vida cristã, ou até se entregasse a mexericos e críticas contra determinadas pessoas e instituições que, por acaso, conhece pouco ou não entende bem. Vem-me agora à memória um pequeno episódio: em certa ocasião, ao admirar o imponente monumento pictórico de Michelangelo na Capela Sixtina, ouvi um comentário que, pelo sotaque, reconheci como proveniente de dois cidadãos cubanos que estavam bem ali ao meu lado: *"Chico, que bien «puestecito» está esto!"*: "Rapaz, como isto está bem feitinho!"... Aquela imensa e esplêndida obra de arte ficava assim reduzida a algo de nanico, a uma "coisinha linda"...

Não diminuamos a estatura de uma Igreja cuja cabeça é o próprio Cristo, cuja alma é o Espírito Santo, que tem por missão levar a humanidade inteira para Deus, e conta já com vinte séculos de existência e mais de um bilhão de fiéis. Não permitamos que se instale em nós uma mentalidade de gueto, esclerosada, que só vibra com o calor que nos dá a nossa "panelinha". Como católicos, tenhamos o *coração dilatado* de um verdadeiro apóstolo!

Porque ser católico é ser universal, levando às últimas consequências as palavras do Senhor: *Na casa do meu Pai, há muitas moradas* (Jo 14, 2) e aquelas outras: *Ide e evangelizai todos os povos*

(Mt 28, 19). Cristo morreu na cruz com o coração aberto, com os braços abertos para abraçar o mundo todo, com um olhar que ultrapassava o espaço e o tempo. Nós, se queremos ser cristãos, devemos também ter o coração aberto, tão largo como o céu da alvorada, para a todos amar e compreender; uma visão que abranja todos os universos geográficos e culturais, para implantar neles a *nova civilização do amor* de que nos têm falado os Papas.

Alegria e bom humor

Os diversos aspectos da jovialidade, da juventude de espírito, encontram na alegria e no bom humor o seu centro substantivo, a sua quinta-essência.

A alegria, dizia Aristóteles, corroborado por São Tomás, mais do que uma virtude, é o fruto, o resultado de uma vivência, o sintoma mais preciso de um íntimo ajustamento interior, a consciência de que se está caminhando para a plena realização, para a felicidade eterna. Não é necessário que se esteja na posse real da felicidade. Basta que se esteja no caminho que a ela conduz, como belamente o expressa o Salmo: *Alegrei-me quando me disseram: vamos à casa do Senhor* (Sl 122, 1). Por isso dizíamos que não se trata apenas de caminhar, mas de caminhar para um ideal. Um ideal pelo qual possamos viver e pelo qual possamos morrer. Quando não o temos ou lhe viramos as costas, perdemos a motivação e, com ela, a alegria, porque, como escreve Dostoievski, "o segredo da existência humana consiste não apenas em viver, mas também em encontrar um motivo para viver"[23].

A mais significativa manifestação da alegria é uma visão positiva da vida. Há pessoas que entristecem a sua existência porque lançam sobre todos os acontecimentos um olhar apreensivo, temeroso, agourento. A ótica pessimista entristece o presente, torna inseguro o caminhar, tira as forças e diminui a saúde da alma e do corpo. Mas, além disso, barra a feliz

---

(23) Dostoievski, *Les Frères Karamazov*, Paris, Libre de Poche, s.d., p. 299.

realização do futuro: o pessimista vai cavando o seu próprio malogro; é um polo magnético de insucesso. Faz-se velho, sem futuro.

O otimista, pelo contrário, atrai os resultados felizes. Uma disposição desanuviada de negruras, alegre e positiva, estimula e descobre novos recursos que propiciam o êxito: incentiva as energias, imprime resistência e vitalidade ao espírito de luta e assim cria condições favoráveis ao bom resultado de qualquer projeto: *a expectativa da vitória é metade da vitória*.

Para cair num estado de tristeza, basta a pessoa concentrar-se em si mesma, ruminar os cansaços, as injustiças que sofre, juntar a tudo isso as mágoas, invejas, recalques e saudosismos do passado, acrescentar-lhes as apreensões a respeito do futuro... e cozinhar essa gororoba no caldeirão movido a autocompaixão. Assim se obtém, sem dúvida, como resultado, uma sensação irremediável de fracasso e um sentimento inconsolável de frustração.

Se, pelo contrário, numa atitude serena permeada de oração, sabemos identificar e hierarquizar os problemas, colocando cada um no seu lugar e enfrentando-os um por um, obteremos uma grande tranquilidade de espírito: deixando todos os pecados, mágoas, ressentimentos do passado aos cuidados de uma boa confissão e os pressentimentos agourentos do futuro nas mãos de Deus, iremos experimentando uma profunda paz, pressuposto necessário da alegria.

Deveríamos deter-nos com frequência a estudar o nosso temperamento, analisando as coisas que nos deprimem, para atacar as causas, e as que nos alegram, para ver se são consistentes ou se, pela sua fragilidade, não nos levam facilmente à frustração... Não deveríamos deitar-nos sem antes examinar rapidamente, sob o olhar de Deus, o que nos entristeceu e o que nos alegrou, e *por quê*. Essa breve análise das causas permitir-nos-ia, com propósitos bem concretos de maior *pureza de intenção*, ir criando pouco a pouco um robusto sistema de comportamentos ágeis, elásticos, esportivos, juvenis.

Não se trata de um puro recurso psicológico para conseguir artificialmente um tipo de "pensamento positivo" ou para montar um mero sistema de "autoajuda" que está tão de moda. É algo muito mais profundo: é a alegria e o otimismo que são *consequências necessárias* da nossa fé[24]. Quantas vezes já o dissemos!: Deus é meu Pai. Deu a sua vida por mim. Deseja a minha felicidade mais do que eu. Cuida de mim. Vou confiar totalmente nEle, abandonando-me nos seus braços como uma criança. Isto significa estarmos plenamente convencidos de que *para os que amam a Deus, tudo contribui para o seu bem* (cf. Rom 8, 28).

O que acabamos de dizer não se aplica somente àquelas criaturas privilegiadas que vivem com plena saúde e completo êxito, nem pretende desenhar o perfil de personalidades ingênuas ou beatas, que

---

(24) Cf. São Josemaria Escrivá, *Caminho*, n. 378.

sobrevoam alienadas por cima das vicissitudes duras, dolorosas e às vezes angustiantes da vida humana. Muito pelo contrário, dirige-se ao homem comum, submetido às inexoráveis contrariedades da vida real, sempre imprevisíveis. Para sermos dignos de Jesus Cristo, é preciso que saibamos levar com garbo o peso das dificuldades: *Quem não carrega a sua cruz cada dia e me segue não é digno de mim* (Mt 10, 38).

Da cruz brotou toda a alegria: o júbilo exultante da Ressurreição, a vitória incontestável sobre a morte, a certeza da nossa felicidade eterna. Porque *se o grão de trigo não morre, fica infecundo; mas, se morre, dá muito fruto* (Jo 12, 24).

Quem consegue tirar da morte, vida, fazer da dor uma fonte de alegria, é sem dúvida um ser superior. E assim é o autêntico cristão: já começou aqui na terra a viver a permanente felicidade do céu, onde não haverá nem lágrimas nem despedidas.

João Paulo II foi para nós, neste sentido, um exemplo inesquecível. Após a queda que sofreu em 28 de abril de 1994, foi submetido a uma intervenção cirúrgica na Policlínica Gemelli. Esta não resolveu satisfatoriamente o problema. E aquele Papa esportista, esquiador e amigo de excursões à montanha ficou reduzido a um homem doente, sofrido e limitado. As dores foram aumentando progressivamente. Passou a servir-se de uma bengala. Os movimentos tornaram-se mais trôpegos e penosos. Nunca, porém, perdeu a visão otimista do futuro que aguarda sempre a Igreja: um exemplo de juventude permanente.

João Paulo II soube tirar da morte, vida; do sofrimento, fecundidade: o fertilizante para a colheita do terceiro milênio. Não se curvou, de forma introspectiva e pessimista. Mostrou ao mundo o modelo de um espírito juvenil. Quantos exemplos nos deu neste sentido. Quem não se lembra daquela atitude divertida quando, em 1997, no Encontro Mundial do Papa com as Famílias, no Rio de Janeiro, no meio do palco erguido em pleno Maracanã, brincava com a bengala fazendo-a girar à maneira de Charlie Chaplin?

Quando de alguma maneira se vislumbra aqui na terra o encontro definitivo com Deus na sua felicidade eterna, experimenta-se um júbilo tão grande que não é possível guardá-lo para si ou silenciá-lo, ainda que seja impossível revelá-lo com palavras humanas. São Paulo expressa-o de forma admirável: *Nem olho viu, nem ouvido ouviu, nem passou pela imaginação do homem o que Deus destinou aos que o amam* (1 Cor 2, 9).

Não é humanamente comunicável: é inexprimível, inenarrável. Santa Catarina de Sena repetia em latim: *"Vidi arcana Dei, vidi arcana Dei"*, "Vi os mistérios de Deus, vi os mistérios de Deus!" E repetia-o tantas vezes que o Bem-aventurado Raimundo da Cápua — o seu confessor e primeiro biógrafo — a repreendia perguntando: — "Por que diz sempre as mesmas coisas e não explica em que consistem?" — "Porque é impossível exprimir o que se vê e se sente ao lado de Deus. As palavras não conseguem expressar tanta formosura.

O fogo do amor divino e o desejo de unir-me Àquele a quem amo são tão ardentes que o coração parece despedaçar-se... *Qualquer palavra que dissesse pareceria lama ao lado do ouro*"[25].

Não se pense que certas expressões que se repetem na vida de muitos homens e mulheres de vida contemplativa não se deram em apóstolos ou missionários de vida eminentemente ativa, como São Francisco Xavier. Depois de ressuscitar um menino em Combature, no Ceilão — Índia —, foi tão grande a multidão dos que quiseram fazer-se cristãos que o Santo, de puro cansaço, não conseguia levantar os braços para administrar a tantos o batismo. E o seu coração ficou inundado de tanto gozo celestial que se sentia compelido a exclamar com frequência: "Oh, Senhor, não me deis tantas consolações, tantas alegrias... Levai-me para a vossa glória celestial, porque, depois de tão íntimos e inefáveis

---

[25] Cf. Raimundo de Cápua, *Santa Caterina da Siena*, Edizioni Cantagalli, Siena, 1952, pp. 242 e 270.

sentimentos, custa muito viver sem Vos contemplar diretamente"[26].

Este estado de alegria tão profunda não é algo teórico, puramente espiritual: sente-se realmente, como se tivesse sido aberta uma nova rede de vasos sanguíneos que irrigassem de júbilo todo o organismo e despertassem as fibras adormecidas da sensibilidade. É uma alegria que tem a propriedade de descobrir nas coisas mais insignificantes um motivo de felicidade: sabe encontrar um "algo" divino e encantador no trabalho profissional, no trato de amizade ou de carinho, na convivência entre marido e mulher, nos pormenores afetivos da vida familiar, no esplendor e beleza da natureza humana, das manifestações mais triviais do mundo que nos rodeia — uma flor, um passarinho, uma carícia da brisa matutina... —, e até nas agulhadas da própria dor purificadora ou

---

(26) *Monumenta Xaveriana*, vol. I, p. 293; cit. por Georg Schurhammer, *São Francisco Xavier. Apóstolo da Índia e do Japão*, Editora Vozes, Petrópolis, 1942, pp. 99 e 100.

do trabalho estafante e aparentemente monótono.

Não é uma alegria *fisiológica*, consequência de uma exuberância física, mas um sereno e repousado contentamento, fruto da união com Deus capaz de permear os sentimentos mais íntimos ou os humores glandulares. É graças a esse *equilíbrio* espiritual que a pessoa chega a atingir essa serenidade interior que está tão longe das atitudes ríspidas, autoritárias, azedas, *mal-humoradas*, e tão perto da delicadeza no trato, do acolhimento afável, da disponibilidade prestativa, da alegria comunicativa...

Talvez a palavra definitiva neste terreno provenha de São Josemaria Escrivá: "O bom humor é manifestação externa clara de que existe na alma uma juventude perene". Era assim que o historiador alemão, Peter Berglar, autor de uma biografia do Fundador do Opus Dei, condensava a impressão que tinha colhido da análise das fotografias que dele vira, pois não tinha chegado a conhecer pessoalmente o biografado. E acrescentava: "Percebe-se pelo seu rosto o que significa a filiação divina: tranquilidade, paz, serenidade e alegria: isso é o que irradia"[27].

Tive a oportunidade única de trabalhar perto de São Josemaria — na sua secretaria pessoal — durante cerca de três anos. Eu mesmo pude comprovar como reagia com alegria e bom humor perante as contrariedades que experimentava e que não eram poucas. Às vezes, quando chegava ao fim do dia cansado e procurava espairecer nuns breves minutos de conversa com algum dos seus filhos, telefonava-me e dizia-me num tom divertido: "Estou um pouco cansado..., conte-me uma piada". E eu contava-lhe uma piada o melhor que podia. Às vezes, porém, dizia-me rindo: "Essa piada não tem graça nenhuma. É horrível. Conte-me outra". Como isso acontecia com certa frequência, eu tinha já preparada de antemão uma lista de anedotas. E ia

---

(27) Peter Berglar, *Opus Dei, vida y obra del Fundador Josemaría Escrivá de Balaguer*, Rialp, Madrid, 1987, pp. 128-129.

contando uma após outra, até que chegava a uma em que, dando uma gargalhada, dizia: "Esta foi muito boa, meu filho, muito obrigado: valeu!"

Essa alegria e esse bom humor eram uma das características mais marcantes de São Josemaria, que chegou a escrever estas palavras tão significativas: "A nossa missão é tornar alegre e amável o caminho da santidade no mundo"[28]. "Perder o bom humor é coisa grave. Bom humor até no momento da morte"[29]. "Um filho de Deus tem o direito e o dever de não perder nunca a alegria, aconteça o que acontecer"[30]. Assim viveram os santos: procurando nunca perder a alegria e tornando simpática e agradável a vida daqueles com quem conviviam.

As pessoas que levam a sério determinados acontecimentos são aquelas que se levam a si mesmas "muito a sério": tudo

---

(28) *Registro Histórico do Fundador*, 20043.

(29) *Ibid.*, 20045.

(30) Cf. José Luis Soria, *Mestre de bom humor*, Quadrante, São Paulo, 2002, p. 28.

o que as afeta é "extraordinariamente importante", e, por isso, acabam por ser ridículas. Quem tem o espírito jovem sabe utilizar a arte de desdramatizar, de dar uma tonalidade leve ao que é difícil e pesado, um enfoque bem-humorado.

Passeando um dia pelas ruas de Roma (costume reintroduzido por ele), o Papa João XXIII ouviu uma senhora cochichar para a companheira: — "Meu Deus, como é gordo!" O Papa deteve-se um instante junto da senhora, surpresa de ter sido ouvida, e disse-lhe sorrindo: — "Minha senhora, o Conclave em que se elege o Sumo Pontífice não é um concurso de beleza"[31]. Uma situação embaraçosa deu azo a uma alegre "tirada" espirituosa, a um bom lance biográfico.

Quantos rostos poderíamos desanuviar, quantos ambientes tensos poderíamos suavizar, quantas tempestades familiares poderíamos dissipar, se

---

(31) Cf. Marcel-Marie Desmarais OP e D. Marcos Barbosa OSB, *Pílulas de otimismo*, 3ª. ed., Vozes, Petrópolis, 1969, p. 53.

soubéssemos manter sempre um espírito bem humorado!

Não percamos *o bom humor*. Não nos tornemos, com o tempo, *velhinhas rabugentas*!

Um intelectual humanista do porte de Thomas More, chanceler da Inglaterra caído em desgraça de Henrique VIII pela sua firme defesa da fé, elaborou, pouco antes de ser decapitado na Torre de Londres, com simplicidade de criança, uma oração para pedir o *bom humor*: "Dai-me, Senhor, a saúde do corpo e, com ela, o bom senso para conservá-la o melhor possível. Dai-me, Senhor, uma boa digestão e também algo para digerir. Dai-me uma alma santa, Senhor, que mantenha diante dos meus olhos tudo o que é bom e puro. Dai-me uma alma afastada do tédio e da tristeza, que não conheça os resmungos, as caras fechadas ou os suspiros melancólicos... E não permitais que essa coisa que se chama o «eu», e que sempre tende a crescer, me preocupe demasiado. Dai-me, Senhor, o sentido do *bom humor*. Dai-me a graça de compreender uma piada, uma brincadeira, para conseguir um pouco de felicidade e saber dá-la de presente aos outros. Amém"[32].

Esta oração só podia partir de um homem "enamorado" de Deus, que morreu mártir confessando alegremente a sua fé. Bom humor para *viver*, bom humor para *morrer*. Felizes na vida, felizes na morte. "Um homem de Deus — dizia São Felipe Néri — deve estar sempre de *bom humor*". E acrescentava: "Fora da minha casa a tristeza e a melancolia. E se alguém me diz: Isso é muito fácil de dizer quando não se têm preocupações, respondo-lhe: É *necessário* dizê-lo *para afastar* as preocupações"[33].

Não deveríamos nunca subestimar o poder de que se reveste a mais elementar forma de bom humor: um simples sorriso. Francis Trochu — o melhor biógrafo de Santa Bernadete — conta que o conde

---

[32] Cf. Johannes B. Torelló, *Psicologia aberta*, Quadrante, São Paulo, 1987, p. 123.

[33] Georges Chevrot, *A pequenas virtudes do lar*, 3a. ed., Quadrante, São Paulo, 1985, p. 92.

de Bruissand, um famoso ateu, foi de Cauters, onde se encontrava, para falar com a vidente. Em tom que não escondia um certo sarcasmo, disse à menina:

— Parece que Nossa Senhora apareceu a você, que era de uma beleza extasiante e tinha um sorriso encantador.

— É verdade. É tão formosa que, depois de vê-la uma vez, a única coisa que se deseja é morrer para voltar a vê-la.

— Eu quereria que você sorrisse para mim como Nossa Senhora sorria para você, disse o conde num tom de gozação.

— Mas isso é impossível. Ela é divina. Eu sou uma menina rude e ignorante.

— Mas veja bem, Bernadete — e aí a sua gozação tornou-se mais sutil —; eu sou um incrédulo, não acredito em nada; talvez, se você sorrisse dessa maneira, eu viesse a converter-me.

A essas palavras, toldou-se o rosto da menina.

— Se o senhor pensa que é possível, vou tentar.

E com essa ingenuidade e transparência das pessoas santas, levantou-se devagar, cruzou os braços diante do peito — como Maria na gruta de Lourdes — e sorriu.

E aquele homem disse mais tarde: "Não sei o que me aconteceu, mas de repente caíram todas as minhas máscaras. Pareceu-me aflorar do fundo do meu peito a fé da minha infância, e não pude deixar de acreditar. Nunca tinha visto um sorriso igual desenhado em lábios humanos. Fiquei persuadido de ter visto a Virgem sorrir no rosto da pequena vidente"[34].

Um sorriso, um simples sorriso, derrubou o orgulho de um ateu empedernido. Tomara que esse sorriso venha a estampar-se no rosto de cada um de nós, trazendo à superfície essa profunda alegria que deveria aninhar-se sempre no nosso coração. Oxalá nos convertamos num desses seres — existem tão poucos! — que vão continuamente irradiando alegria e paz, convertendo o lar, o ambiente de trabalho, o círculo de amigos,

---

(34) Francis Trochu, *Sainte Bernadette Soubirous*, Tan, Rockford, 1985, p. 387.

num verdadeiro remanso de serenidade, de exultação jubilosa.

Assim, seja qual for a nossa idade, poderemos contagiar a vida dos outros com uma juventude que venha a ser o prelúdio dessa inalterável e venturosa juventude que há de prolongar-se por toda a eternidade.

PONTOS DE REFLEXÃO PARA UM VELHO JOVEM

* Aceito de braços abertos a minha condição presente, combatendo a ilusão de que "qualquer tempo passado foi melhor"? Compreendo que Deus nunca começou nem nunca terá fim, que Ele é *o eterno presente* e que, por isso, nEle terei uma permanente juventude?

* Compreendo que a segunda e a terceira idades são — tal como a primeira — oportunidades inéditas para conhecer, amar e servir sempre melhor a Deus, que Ele me bate à porta *hoje e agora*?

* Entrego o meu passado à misericórdia de Deus, o meu presente nas mãos de Deus, o meu futuro à providência de Deus?

* Acolho com bom humor as limitações que os anos me podem trazer? Uma certa perda de memória para fatos recentes, uma certa surdez, uma certa lentidão de movimentos, os achaques? Sei transformar essas limitações em fatores positivos ou, pelo contrário, vou colecionando apreensões, recalques, manias, queixas, complexos? Perdi a capacidade de sorrir?

* Compreendo que a perspectiva que só os anos dão tem de levar-me a ser homem de vida interior, que se abre à oração e dela tira uma visão menos imediatista, afobada ou angustiada das minhas tarefas e objetivos? A oração e a Eucaristia são para mim fonte necessária de equilíbrio interior?

* Procuro crescer em paz e serenidade, sabendo-me sempre amorosamente acompanhado por Deus, que "não perde batalhas"? Sou consciente de que, radicado em Deus, aconteça o que acontecer, *nunca acontece nada*?

* Deixo-me ajudar com simplicidade nas minhas limitações etárias? Sei agradecer?

* Percebo que Deus se manifestou com predileção a anciãos como Abraão

e Moisés, a Isabel e Zacarias, a Nicodemos? Que a idade avançada não é tempo de solidão e isolamento, mas de *plenitude* no cumprimento de um projeto divino, de uma missão divina, que só se concluirá quando Ele me chamar com um abraço à sua presença?

* Se "o reino de Deus é para os que se fazem como crianças", tiro partido das minhas atuais incapacidades para crescer na simplicidade da infância, na absoluta dependência de Deus, que cuida de mim mais do que os pais cuidam dos seus pequenos?

* À medida que o tempo passa, pergunto-me não tanto se sou feliz, mas se as pessoas à minha volta são felizes? Que faço para isso?

* Sei renovar os temas das minhas conversas?

* "As cartas mais ternas e apaixonadas que li, escreveu-as um antepassado meu à sua esposa depois de trinta anos de casados". Poderiam dizer o mesmo de mim?

* No trato com os jovens, cultivo a magnanimidade que perdoa, que esquece, que acolhe e compreende, que aconselha e ajuda sem impor-se? Sou cada vez mais paciente e de mentalidade mais aberta?

* Sei rezar com muita frequência pelos meus familiares e amigos, pelas autoridades civis e eclesiásticas do meu país, persuadido de que esse, sim, é um contributo sempre necessário e sempre ao meu alcance? Ou será que me entrego a críticas próprias de um espírito caduco e invejoso?

* Se já não posso fazer tudo o que faz um moço, aquilo que faço, faço-o melhor?

* Compreendo hoje — bem melhor do que anos atrás — que a dor física e a dor moral são um mistério, mas não um absurdo e menos uma maldição? Que Deus não veio à terra para suprimir o sofrimento, nem mesmo para explicá-lo, mas para dignificá-lo e santificá-lo com a sua presença?

* Proponho-me metas de trabalho e de serviço com o impulso e o garbo dos anos moços, ou sinto-me um inútil e à margem da vida? Sei aproveitar bem o tempo, *espremer* cada hora, cada dia, com vontade de "deixar obra feita, não por vanglória, mas por amor" de Deus e dos homens?

* Se este é o meu caso, compreendo que os avós — sem intromissões indevidas — têm um papel importante na educação humana e religiosa dos filhos dos seus filhos?

* Experimento uma grande paz ao pensar no momento supremo em que, como diz João Paulo II, Deus me chamar "da vida para a vida"? Será para mim o encontro com Aquele que a minha alma buscou tanto e a quem tanto amou?

Direção geral
Renata Ferlin Sugai

Direção editorial
Hugo Langone

Produção editorial
Juliana Amato
Gabriela Haeitmann
Ronaldo Vasconcelos

Capa
Provazi Design

Diagramação
Sérgio Ramalho

ESTE LIVRO ACABOU DE SE IMPRIMIR
A 2 DE NOVEMBRO DE 2023,
EM PAPEL OFFSET 75 g/m^2.